# TRAITÉ PRATIQUE

# DES DOUANES

### Par M. A. DELANDRE

## TROISIÈME SUPPLÉMENT

### Années 1873, 1874 et 1875

## DISPOSITIONS GÉNÉRALES.

**286.** — 5. Les droits d'entrée et de sortie, à l'exception des taxes conventionnelles autres que celles des sucres, doivent être augmentés de 4 p. 0/0. (*Loi du 30 décembre 1873, art. 2, circ. du 31, n° 1228.*)

*V.* le tarif officiel des douanes, tarif général et tarif conventionnel; imprimerie nationale, mars 1874.

Cette taxe additionnelle doit être liquidée, au pied des quittances, en un seul article, sur le montant des sommes qui en sont passibles; elle est inscrite dans les écritures distinctement, sauf pour les sucres. (*Circ. n° 1228; circ. de la Compt. du 15 janvier 1874, n° 104.*) (1)

Une taxe supplémentaire de 5 p. 0/0 est appliquée au produit des amendes et confiscations. (*Loi du 30 décembre 1873; circ. du 31, n° 1228.*)

Quand l'amende est fixée, au principal, à un multiple de droits, *V.* n° 1083, on ajoute la taxe de 5 p. 0/0 à la somme qui représente l'amende. Pour le tarif général, la taxe frappe le droit simple et le double droit. S'il s'agit de marchandises dé-

---

(1) Une taxe supplémentaire d'importation sur les viandes salées représente le droit de consommation du sel. Perçue sur le poids net, tandis que l'ancien droit auquel elle s'ajoute est au brut, il convient d'indiquer distinctement sur les états le produit de l'ancien droit et celui de la surtaxe, avec la mention du poids brut et du poids net sur lesquels a porté la double perception. (*Circ. in-4° du 9 avril 1874.*) Cette taxe est affranchie des décimes. (*Circ. man. du 21 juin 1875.*)

clarées dans les conditions du tarif conventionnel, la taxe n'atteint que le double droit, déduction faite des décimes. Cette taxe ne s'étend pas à l'amende de 50 p. 0/0 indiquée au n° 784. (*Circ. man. du 29 janvier* 1874.)

**287.** — 7. Tout produit dont on ne peut établir régulièrement la provenance, *V.* n° 12, et le mode d'importation, *V.* n°ˢ 14 et 15, est passible du maximum des droits d'entrée inscrits au tarif. (*Circ. in-4° du 9 juillet* 1873.)

**288.** — 12. Sont passibles de la surtaxe d'entrepôt les crins d'origine extra-européenne, importés d'un pays contractant, *V.* n°. 784, même lorsqu'ils ont été préparés ou frisés dans ce pays (*Circ. in-4° du 11 février* 1873), le saindoux raffiné et l'huile extraite du saindoux quand l'origine extra-européenne de la matière brute est établie. (*Circ. in-4° du 8 juillet* 1873.)

On admet au bénéfice du régime relatif aux importations des pays hors d'Europe, c'est-à-dire en exemption de la surtaxe d'entrepôt, les huiles de schiste et de pétrole brutes, originaires des pays contractants, et les huiles purifiées, ainsi que les essences provenant de la distillation dans ces pays, des huiles de schiste et de pétrole brutes de toute origine. (*Circ. in-4° du 14 octobre* 1873.)

Sont exempts de la surtaxe d'entrepôt, les produits de la Turquie d'Europe ou de la Turquie d'Asie, chargés à Constantinople ou dans les autres ports de la côte orientale de la Turquie d'Europe. (*Circ. in-4° du 17 septembre* 1875.)

**289.** — 13. 3° §. Les certificats doivent être légalisés à la chancellerie de France établie dans le pays où ils ont été rédigés. (*Circ. man. du 15 juillet* 1875.)

**290.** — 15. 2° §. 155 S. *Rayer le n° 155 S*, les surtaxes de pavillon, en France et en Algérie, ayant été supprimées par la loi du 28 juillet 1873. (*Circ. n°* 1219.)

**291.** — 17. 1ᵉʳ §. *Au lieu de 10 cent., mettre :* deux décimes (1).

2ᵉ §. Les droits sont liquidés décimes compris et inscrits dans les écritures sans distinction entre le principal et les décimes. (*Circ. du 14 avril* 1873, n° 1199.)

Cette disposition ne s'applique pas aux recouvrements à titre d'amendes. (*Même circ.*)

**292.** — 156 S. *Ajouter :* Circ. in-4° du 8 juillet 1874.

**293.** — 157 S. Sont assujéties au timbre mobile de 10 cent. : 1° les quittances de loyer, d'appointements, d'indemnités, de secours, etc. Il faut remarquer que les pièces dont le libellé indique un droit à créance et qui sont revêtues d'un acquit, constituent à la fois un titre et une quittance; elles doivent donc être soumises comme titre, au timbre de dimension, et comme quittance à la taxe de 10 cent. : tels sont les mémoires, les états de frais de justice dressés par les greffiers quand ils sont quittancés; 2° les quittances d'escompte, le timbre administratif remplaçant le timbre de dimension; 3° les quittances de remboursement total ou partiel d'une consignation ; 4° la quittance d'une somme inscrite aux fonds à divers, après avoir été acquittée comme étant due par le Trésor; 5° en ce qui concerne les paiements d'allocation de frais de bois et lumière des corps-de-garde, le droit de 10 cent. n'est pas exigé pour chaque allocation supérieure à 10 fr., mais pour l'acquit unique d'un même capitaine. La taxe est retenue par le capitaine sur la somme revenant au corps-de-garde le plus largement doté, et mention est faite de ladite retenue au carnet ouvert pour les dépenses effectuées sur les frais de bois et lumière de ce corps-de-garde; 6° un seul droit de 10 cent. est dû pour la quittance collective, sans aucune attribution à chacun d'eux, des héritiers qui agissent alors au titre moral de l'hérédité.

Sont affranchies du timbre de 10 cent. : 1° les quittances qui, passibles de ce timbre, sont établies sur papier au timbre de dimension; 2° les quittances de droits de douane, revêtues du timbre administratif (*loi du 23 août* 1871, *art.* 20); 3° les

---

(1) Les décimes sont compris dans les droits énoncés au tarif de 1871.

quittances de droits sanitaires, en vertu de l'art. 16 de la loi du 13 brumaire an VII, et comme se rapportant à la police générale ; 4° les quittances données de comptable à comptable pour des opérations relatives au maniement des fonds publics et les quittances délivrées par les comptables de l'armée pour parts de saisie versées entre leurs mains.

Les reçus ou décharges d'objets sont assujettis au droit de 10 cent., quelle que soit la valeur des objets.

Lorsque les marchandises ne font que passer dans les magasins de la douane pour l'accomplissement des formalités réglementaires, il n'y a pas lieu à perception. Au cas de dépôt, la taxe de 10 cent. est due à l'entrée ainsi qu'à la sortie. Toutefois, quand il s'agit d'un dépôt d'office, la taxe n'est pas payée à l'entrée, puisqu'il n'y a pas délivrance de reçu par la douane.

Les accusés de réception, donnés par les commissions de chaque capitainerie pour les réceptions d'effets d'habillement, d'équipement, de coiffure et d'armement qui leur sont expédiés par la direction, ne comportent pas le timbre de 10 cent. Il n'y a là qu'un simple certificat administratif.

Les reçus des pièces retirées par les postulants non placés rentrent dans la catégorie de simples formalités administratives qui ne peuvent être soumises à l'obligation du timbre.

La décharge des acquits-à-caution et des permis de réexportation, dégageant les soumissionnaires et leurs cautions des engagements souscrits, est un acte libératoire et, comme tel, doit supporter la taxe de 10 cent. qui est payée par le principal obligé ou sa caution. C'est la décharge définitive qui doit être frappée du droit de 10 cent. Il faut remarquer que lorsque la totalité des reconnaissances partielles n'apure pas l'expédition, le droit de timbre reste néanmoins dû pour l'ensemble de ces décharges.

Le bureau d'émission de l'acquit-à-caution est chargé du recouvrement de la taxe. L'expérience a d'ailleurs fait reconnaître que pour éviter au commerce et au service des difficultés et des pertes de temps, il convenait de percevoir le droit de 10 cent. lors de la délivrance des expéditions et d'apposer immédiatement le timbre sur la souche.

Chaque extrait d'admission temporaire forme titre, et par suite est passible de la taxe de 10 cent., soit que l'apurement ait lieu en une seule fois, soit qu'il ait lieu par des à-comptes successifs.

Les déclarations d'imputation des certificats de sortie des sucres constituent un acte libératoire auquel s'applique le droit de timbre. (*Circ. in-4° du 8 juillet* 1874.)

Sont exempts du timbre, les quittances, reçus et décharges donnés par les sous-officiers et préposés des douanes, considérés comme gens de guerre, par application de la loi du 13 brumaire an VII, art. 16, et de la loi du 23 août 1871, art. 2. *(Circ. man. du 13 février* 1875.)

Sont assujétis au droit de 10 cent., les permis d'extraction d'entrepôt de sels français et de transport dans les ateliers de salaisons, les permis d'extraction d'entrepôt des sels étrangers destinés à la préparation de la morue et de transport dans les ateliers : chaque permis atténue une soumission. Il en est de même des bulletins de chargement de sels par allèges. (*Circ. in-4° du 8 juillet* 1874.)

Les bordereaux de détail présentés à l'appui des déclarations pour la réexportation d'objets d'admission temporaire sont destinés à faciliter la vérification réglementaire : ils sont exempts du timbre de dimension et du timbre de 10 cent. ; mais les certificats ou bordereaux attestant que les objets proviennent de tel atelier sont astreints au timbre de dimension, en vertu de la loi du 13 brumaire an VII, art. 12. (*Circ. man. du 20 septembre* 1873.)

Le timbre mobile pouvant se détacher, la signature donnant quittance doit être apposée à côté du timbre, qui est ensuite oblitéré soit par une seconde signature, soit au moyen d'une griffe.

On ne doit pas étendre à d'autres pièces collectives le mode adopté pour la perception du droit de timbre en ce qui concerne les rôles d'appointements, les états d'indemnités, de gratifications et de répartition.

Le droit de 10 centimes est, pour tous les actes passés entre l'Etat et ses créanciers, à la charge des personnes qui donnent les quittances fournies à l'Etat, ou qui reçoivent celles qui sont délivrées en son nom. (*Circ. in-4° du 8 juillet 1874.*)

**294.** — 30. P. 49. 2° §. *Ajouter :* et que les volumes sont reliés ou cartonnés. (*Circ. du 7 mars 1874, n° 1247.*)

10° §. 2° ligne. *Ajouter :* et avec l'autorisation de l'administration, à vue d'un état général. (*Déc. du 31 août 1875.*)

P. 50. 2° §. *Ajouter :* Série C, n°ˢ 1, 2 et 3. (*Déc. du 31 août 1875.*)

**295.** — 32. P. 55. 4° §. La promotion sur place ne comporte pas d'augmentation dans l'allocation déjà accordée à l'agent pour indemnité de plombage. Il ne peut obtenir alors l'allocation afférente à son nouveau grade qu'avec l'autorisation spéciale de l'administration. Le directeur peut la provoquer quand l'agent figure au tableau d'avancement. (*Circ. man. du 27 novembre 1874.*)

**296.** — 33. 3° §. La responsabilité qui peut incomber à l'État pour la réparation du dommage causé par le fait de ses agents n'est point régie par les principes de droit commun établis dans le Code civil pour les rapports des particuliers entre eux et dont l'application appartient à l'autorité judiciaire. Cette responsabilité a ses règles spéciales qui varient suivant les besoins des divers services publics. La compétence de l'autorité administrative pour déterminer ces règles, à laquelle il n'a point été dérogé par l'article 19, titre XIII, de la loi du 22 août 1791, est d'autant mieux justifiée dans un cas spécial, que le préposé dont le fait a donné naissance à l'action en dommages-intérêts contre l'administration, faisant partie d'une brigade d'agents de douanes armés, avait un double caractère, celui de préposé des douanes au point de vue de la répression de la fraude, et celui d'agent de la force publique au point de vue de la police de la frontière pour laquelle ces agents sont placés sous la direction de la puissance publique. Il n'appartient qu'à l'autorité administrative de déterminer en quelle qualité les préposés ont agi, de vérifier et d'apprécier les instructions qui leur auraient été données et jusqu'à quel point ils s'en seraient écartés. (*Arrêt du tribunal des conflits du 31 juillet 1875; doc. lith., n° 236; circ. du 28 août 1875, n° 1287.*) V. n°ˢ 1119 et 312 S.

Dès le début d'une instance en matière d'actions en dommages et intérêts, l'administration est mise en mesure d'apprécier à vue d'un rapport spécial du directeur et des rapports des chefs divisionnaires. (*Circ. du 28 août 1875, n° 1287.*)

**297.** — 37. Pour l'expertise des sucres bruts, vergeoises et poudres blanches, il est prélevé trois (1) échantillons sous le double cachet de la douane et du déclarant, dans des flacons à surface plane, analogues à ceux dans lesquels sont les types officiels. Deux de ces échantillons sont transmis à l'administration par la poste, en franchise, dans une boîte où ils doivent être enveloppés avec de la toile ou du papier et séparés au moyen de papier coupé, de foin ou de ouate. (*Circ. in-4° du 13 janvier 1874.*)

Les échantillons de bois doivent être pris dans le sens de la largeur et comprendre une tranche entière de la pièce ou de la poutre (*Circ. man. du 14 juillet 1873.*)

P. 61. 2° §. L'acte conservatoire est adressé au bureau du contentieux dans une feuille série E, n° 69 B. On transmet, au même bureau, le procès-verbal rédigé ultérieurement ou la soumission de s'en rapporter à la décision de l'administration,

---

(1) Quatre, dans les ports où il existe un laboratoire pour des analyses sacchari-métriques. V. n° 360 S. (*Circ. in-4° du 22 septembre 1875.*)

avec cette indication : soumission au procès-verbal faisant suite à l'acte conservatoire du........ (*Circ. in-4° du 21 novembre 1874.*)

**298.** — 162 S. 1er §. *Ajouter :* circ. man. du 28 mai 1873.

**299.** — 48. P. 75. Dès qu'il reçoit un ordre de mutation, le Directeur doit le notifier et prendre, ou, selon le cas, proposer à l'administration les mesures nécessaires pour pourvoir, quand il y a lieu, au remplacement de l'agent. Le départ de celui-ci ne doit pas être ajourné, même en vue de nécessités de service. (*Circ. man. du 26 novembre 1874.*)

**300.** — 50. P. 85. L'indemnité de tournées accordée aux inspecteurs et aux sous-inspecteurs divisionnaires, est réglée du jour de leur entrée en fonctions.

Les inspecteurs et sous-inspecteurs divisionnaires, dont le service extérieur est confié à des intérimaires, cessent d'avoir droit à l'indemnité de tournées à partir du jour de la constitution régulière de l'intérim. S'ils sont montés, ils peuvent recevoir une allocation spéciale à l'entretien et à la nourriture de leurs chevaux pendant la cessation de leur service extérieur, mais cette allocation n'est accordée que sur la proposition motivée du directeur.

Les directeurs ont à apprécier dans quelle mesure peuvent être accordées des allocations exceptionnelles aux inspecteurs et sous-inspecteurs divisionnaires qui auraient été obligés, par suite de maladies, d'interrompre momentanément leurs tournées.

Les directeurs ont à soumettre à l'administration (ordonnancement et matériel), à la fin de chaque semestre, les propositions qu'ils peuvent avoir à présenter pour l'application de ces dispositions (1).

Dans aucun cas, le titulaire et l'intérimaire ne peuvent toucher l'un et l'autre l'indemnité pour la même période. (*Circ. in-4° des 26 mars et 23 juin 1874.*)

**301.** — 54. Les receveurs principaux à la nomination du ministre disposent d'un planton pour le service de leur caisse et de leur cabinet. *V.* n° 302 S.(*Déc. min. du 18 avril 1873; circ. in-4° du 30.*)

**302.** — 59. Un préposé d'ordonnance est détaché auprès des inspecteurs et sous-inspecteurs divisionnaires pour les accompagner dans leurs tournées et pour les obligations matérielles inhérentes à l'administration d'un nombreux personnel armé; les chefs de ce grade peuvent, en outre, occuper un préposé à leurs écritures; mais ce préposé, dispensé du service de jour, doit participer au service de nuit. (*Déc. min. du 18 avril 1373; circ. in-4° du 30.*)

Il est absolument interdit de donner aux plantons, *V.* n° 301 S, ou aux préposés d'ordonnance, des effets susceptibles de rappeler, à un degré quelconque, le costume de gens de service. (*Circ. in-4° du 30 avril 1873.*)

165 S. *Rayer le* 6e §.

**303.** — 60. Les cadres de chaque direction sont, autant qu'il est possible, tenus constamment au complet. (*Réglement ministériel du 25 février 1815 sur le recrutement des préposés, art.* 1er.)

Pour rendre le recrutement plus facile, les directeurs sont autorisés à faire jouir des appointements du mois entier les préposés qu'ils admettent avant le 21 de chaque mois. (*Même réglement, art.* 2.)

L'agent appelé pour le service militaire, soit complet, soit d'un an, est replacé dès que les circonstances le permettent. *V.* n° 48.

Après avoir quitté le régiment, tout homme est placé dans la réserve, et plus tard,

---

(1) Sauf pour l'application de ces dispositions, il est adressé à l'administration, sous le timbre du service général, à la fin du semestre, un certificat négatif destiné à tenir lieu de l'état des chefs intérimaires ayant droit à la répartition de l'indemnité de tournées. (*Circ. man. du 10 juillet* 1874.)

dans l'armée territoriale, jusqu'à l'âge de 40 ans, en vertu de la loi du 27 juillet 1872. *V.* n° 80.

Les agents des brigades forment une catégorie spéciale de non-disponibles. (*Circ. man. du 12 juillet* 1875.)

P. 100. 10e §. Des emplois de préposé de 1re classe sont accordés aux sous-officiers n'ayant pas dépassé l'âge de 35 ans, comptant au moins quatre ans de grade et 12 ans de présence sous les drapeaux, et désignés à l'administration par le ministre de la guerre.

Quant aux autres candidats militaires, il appartient aux directeurs de statuer sans l'intervention du département de la guerre. (*Loi du 24 juillet* 1873; *circ. man. des 9 février et 12 mars* 1875.)

Il ne peut être accordé, pour aucun motif, d'autorisation exceptionnelle d'admission à des individus réformés du service militaire, soit définitivement, soit temporairement, pour défaut de taille, faiblesse de constitution, infirmités ou difformités quelconques. Les décisions des conseils de révision servent de règle à cet égard. (*Circ. in-4° du 11 juin* 1875.)

P. 102. 2e §. 4e ligne. *Au lieu de* 60 fr., *mettre* 84 fr., dont 24 fr. pour le montant de la garantie de l'armement. *V.* n° 180 S. (*Circ. man. du 5 août* 1874.)

**304.** — 15 S. 2e §. 2e ligne. *A* intérimaire *ajouter :* lieutenant ou brigadier. 3e ligne. *Ajouter :* circ. in-4° du 23 juin 1874.

**305.** — 65. Il est accordé deux plantons aux directeurs, l'un pour la police de leur antichambre, l'autre pour le service de leurs bureaux, tous deux alternant pour les courses extérieures, ordinairement fort nombreuses chez des chefs de service placés à la tête d'un effectif considérable et en rapports constants avec le commerce et les autorités militaires ou départementales. (*Déc. min. du 18 avril* 1873; *circ. in-4° du* 30.) Il est interdit de donner aux plantons des effets susceptibles de rappeler, à un degré quelconque, le costume de gens de service. (*Circ. in-4° du* 30 avril 1873.)

**305** bis. — 70. Art. 22. 4e §. 2e ligne. *Au lieu de* mars, *mettre* février. (*Circ. man. du 11 août* 1875.)

Art. 43. Afin d'éviter toute désorganisation dans les directions où le recrutement offre parfois des difficultés, il est de règle que les agents des brigades ne soient admis à changer de direction qu'après cinq ans au moins de service. (*Circ. de 1839,* n° 1740, *et Déc. du 13 septembre* 1875.) *V.* n° 60.

18 S. 2e §. *Ajouter : V.* n° 313 S.

**306.** — 170 S. 2e §. 1re ligne : *rayer* ne. *Ajouter :* sous la condition que les retenues relatives à la caserne mettent à même de pourvoir à toutes les dépenses qui s'y rapportent dans l'année. Au besoin, une retenue supplémentaire et individuelle, fixée de telle sorte qu'il y ait toujours équilibre entre les recettes et les dépenses, est effectuée mensuellement et inscrite, pour location de terrain destiné à servir de jardin, dans une colonne spéciale ouverte, sous le n° 8, à l'état de masse, série E, modèle A, le total des retenues étant alors reporté dans une partie de la colonne n° 9. Quand la caserne est à l'État, on produit pour le jardin une formule série E, n° 91. Si le jardin y est attenant et appartient au propriétaire de la caserne, la feuille de celle-ci est annotée en conséquence. (*Déc. des 25 mars, 15 mai, 10 juin, 3 juillet et 26 août* 1875.)

**307.** — 19 S. 2e §. *Rayer.* Pour assurer le service médical dans chaque subdivision des brigades, le directeur désigne à l'administration le médecin qui présente toutes les garanties désirables de mérite scientifique et pratique, de forces physiques, d'honorabilité personnelle et de position sociale, afin de donner satisfaction aux conditions et aux exigences de la situation. (*Circ. man. du 9 octobre* 1873.)

A raison des conditions climatériques dans lesquelles les brigades sont appelées à exécuter leur service, la fourniture du sulfate de quinine nécessaire aux agents est payée par imputation sur les crédits du matériel. Les mémoires des pharmaciens sont réglés à l'expiration du semestre, sur la proposition du directeur et à vue des mémoires renfermés dans des bordereaux série E, n<sup>os</sup> 100 *bis* et 100 *quater*. (*Circ. man. du 15 septembre* 1873.)

**308.** — 76 P. 137. 4° §. En signalant comme devant être admis à des emplois de bureau par exemple : 12 brigadiers sur 28, un inspecteur paraît méconnaître une de ses principales obligations : il ne doit appeler l'attention que sur des sujets méritants et réellement dignes de cette promotion. (*Déc. du* 20 *avril* 1875.)

P. 138. Il y a nécessité d'appeler aux positions d'officiers et de brigadiers des hommes encore jeunes et choisis avec le plus grand soin. Il appartient aux directeurs de préparer les choix, en ne retenant pas trop longtemps dans les positions inférieures les sujets d'élite et en mettant toute leur sollicitude à la formation des tableaux d'avancement. (*Circ. in-4° du* 11 *juin* 1875.)

**309.** — 80. L'organisation militaire des brigades est réglée par le décret du 2 avril 1875. *(Circ. du* 17 *mai* 1875, *n°* 1270.)

L'inspection forme un bataillon ; chaque capitainerie devient une compagnie, à moins qu'elle ne soit trop faible, cas auquel on y ajoute une partie des capitaineries voisines. Les compagnies sont actives ou territoriales, et ont chacune deux clairons (1). Dans les compagnies actives, sont rangés d'abord tous les hommes des brigades de moins de 30 ans, qui appartiennent, par leur âge, à l'armée active ou à la réserve ; puis, les hommes plus âgés, propres au service en campagne. Les Compagnies territoriales reçoivent les autres agents valides, jusqu'à l'âge de 40 ans. Les assimilations de grades sont absolues. Les officiers en surnombre ne figurent pas dans les cadres. A dater de la mobilisation, les démissions données par les officiers, sous-officiers et préposés ne deviendraient valables que par l'acceptation du Ministre de la guerre. *(Circ. in* 4° *du* 11 *juin* 1875.) *V.* n° 60.

Quand un agent des douanes est appelé à prendre part temporairement aux exercices militaires, on lui accorde un congé nécessité par l'accomplissement d'un des devoirs que la loi impose. *V.* n° 115. *(Circ. du Min. de l'intérieur du* 2 *septembre* 1875.)

Les agents de brigade doivent être exercés à l'école de soldat et, là où l'effectif le permet, à celle de peloton. Il convient aussi que les inspecteurs, sous-inspecteurs, capitaines et lieutenants se livrent à l'étude des diverses théories militaires et se pénètrent des devoirs du commandement de troupe. Quant aux directeurs, bien que n'ayant pas de grade militaire, ils conservent une situation importante. Ils sont chargés de l'organisation des contrôles et des mesures qui en dérivent. Ils ont aussi l'administration des bataillons et compagnies. Le Gouvernement compte sur leur dévouement pour l'accomplissement de cette tâche. *(Circ. in-4° du* 11 *juin* 1875.)

P. 142. D<sup>er</sup> §. Les gratifications pour la capture des déserteurs ne sont allouées qu'autant que les capteurs justifient s'être mis spécialement à la recherche des hommes à arrêter et que le fait de ce service spécial et déterminé ressort du procès-verbal d'arrestation. *(Circ. man. du* 29 *juin* 1874.)

**310.** — 22 S. Le directeur que l'administration a autorisé à faire payer des provisions, transmet l'autorisation, soit aux receveurs principaux de sa circonscription, s'il y a lieu, soit à celui de ses collègues des douanes ou des contributions indirectes, si le pensionnaire habite le rayon frontière ou l'intérieur.

L'agent retraité qui a été autorisé à toucher des provisions perd, en principe, le bénéfice de cette mesure, s'il change de résidence. Toutefois, les directeurs peuvent, sous leur responsabilité, permettre le paiement de provisions par le receveur prin-

---

(1) Les instruments sont, avec l'autorisation de l'administration, fournis par imputation sur les crédits du matériel. *(Déc. du* 9 *avril* 1868.)

cipal primitivement autorisé, au moyen d'une opération de virement de fonds avec le comptable de la nouvelle résidence.

Le directeur qui a reçu le brevet de pension l'envoie (1) au receveur principal qui, tout d'abord, a été autorisé à faire les avances de provisions et qui reste chargé d'en assurer la régularisation. *(Circ. in-4° du 13 juin 1874.)*

**311.** — 99. P. 160. 4° § en note. Quand il n'y a pas lieu à révocation, l'agent de bureau arrêté, suspendu immédiatement de ses fonctions, peut être, sur l'autorisation de l'administration, considéré comme étant en congé à demi-solde. *(Déc. des 20 avril et 14 juin 1875.)*

**312.** — 179 S. Les lois des 24 août 1790 et 16 fructidor an III ont établi la séparation des fonctions judiciaires et des fonctions administratives, et leur indépendance réciproque. *(Arrêt du Tribunal des conflits du 31 juillet 1875; doc. lith., n° 236; circ. du 28 août 1875, n° 1287.)*

L'abrogation de l'art. 75 de la Constitution de l'an VIII, par le décret du 19 septembre 1870, n'a pas rendu les tribunaux juges de la validité des actes accomplis par un service public dans le cercle de ses attributions légales. Les tribunaux doivent donc renvoyer à l'autorité administrative la question préjudicielle de nullité des actes administratifs. *(Arrêt du Tribunal des conflits du 30 juillet 1873.) V.* n° 296 S. Des conclusions formelles doivent, le cas échéant, soutenir l'incompétence des tribunaux judiciaires. Si le déclinatoire est admis, le demandeur est renvoyé à se pourvoir devant qui de droit. Dans le cas où les conclusions du service sont rejetées, le jugement qui condamne l'administration doit être frappé d'appel. Le directeur signale personnellement au préfet du département la difficulté qui a surgi et le prie de vouloir bien décliner, par un arrêté, la compétence du tribunal saisi, en revendiquant pour la juridiction administrative la connaissance du litige. Le soin d'élever le conflit regarde ensuite exclusivement ce magistrat. *(Circ. du 28 août 1875, n° 1287.)*

**313.** — 180 S. La carabine-chassepot de gendarmerie, modèle 1866, sert à l'armement des brigades. *(Circ. in-4° du 13 août 1874.)*

L'agent qui ne peut représenter la carabine avec les accessoires en bon état doit en solder le prix. Le montant en est prélevé sur son avoir à la masse d'habillement et inscrit en charge aux recettes extraordinaires. Mais s'il s'agit d'un agent sortant des cadres, le prélèvement est effectué sur la somme de 24 fr. versée en garantie. Dans le cas où celle-ci serait insuffisante, le complément de la somme due serait retenu sur l'actif individuel, et, à défaut, sur les appointements, etc.

Les réparations sont imputées sur les retenues afférentes à l'habillement et à l'équipement. Elles sont effectuées par les armuriers des corps de troupe et payées sur mémoire.

Les pièces d'armes de rechange nécessaires pour une année sont fournies au service par la manufacture chargée de desservir le corps d'armée de la région, et payées sur les fonds de masse. Quant aux frais de transport, ils sont, après autorisation de l'administration, imputés sur les crédits du matériel. *(Circ. in-4° du 21 mai 1875.)*

La carabine-chassepot est reprise sans dépréciation. *(Circ. in-4° du 24 décembre 1874.)*

Les cartouches doivent être reprises, aux agents qui sortent des cadres, au prix de 10 cent. l'une. Quand elles sont détériorées, il n'est alloué aucune indemnité et elles

---

(1) Avec un certificat de cessation de paiement du traitement d'activité, daté et signé par le directeur, revêtu du cachet de la direction, et relatant le nom, les prénoms et le grade de l'ayant-droit, la date jusqu'à laquelle il a été payé sur les fonds du personnel, le n° et la date du brevet. *(Déc. min.; circ. man. du 18 juillet 1874.)*

sont immédiatement submergées, ce qui est constaté par un procès-verbal administratif. (*Circ. man. du 19 juin* 1875.)

Quand les cartouches ont été employées pour les besoins du service, les hommes sont indemnisés de leurs déboursés. A cet effet, le chef de poste, en inscrivant les rapports, s'assure du nombre de cartouches brûlées par chaque homme, et en fait mention au registre de travail. Les officiers et les inspecteurs veillent à ce que la mesure ne donne lieu à aucun abus. A la fin de chaque trimestre, les directeurs adressent à l'Administration, bureau du matériel, des états nominatifs établis par capitainerie, indiquant le nombre et le prix des cartouches donnant lieu à remboursement. (*Circ. in-4° du 24 décembre* 1874.)

Les chefs des brigades sont tenus de s'assurer fréquemment, et par des vérifications approfondies, du bon état de l'armement. Les inspecteurs, dans leurs rapports de service, et les officiers, dans leurs journaux mensuels, doivent rendre compte de la visite des armes et des observations auxquelles elle a pu donner lieu. (*Circ. in-4° du 24 mai* 1875.)

**314.** — Les ceinturons et les dragonnes des capitaines et des lieutenants sont conformes aux modèles en usage dans l'infanterie de ligne. (*Circ. in-4° du 10 juillet* 1875.)

Les inspecteurs doivent, dans leurs tournées, s'assurer si les capitaines et les lieutenants ont l'uniforme réglementaire au complet et en bon état, et rendre compte de cet examen dans le rapport trimestriel de service. (*Circ. man. du 6 septembre* 1875.)

**315.** — 102. 3° §. *A la dernière ligne, substituer ceci :* doivent être conformes aux prescriptions du décret du 31 juillet 1862. (*Circ. in-4° du 8 avril* 1874.)

Les agents de douane appelés à signifier des actes ou des procès-verbaux, n'étant pas considérés comme de véritables officiers ministériels, la loi du 29 décembre 1873, sur le droit de timbre, ne leur est pas applicable. (*Circ. du 2 mars* 1875, n° 1261.)

**316.** — 104. P. 168. Les préfets ont été priés d'intervenir auprès des maires pour que les enfants des agents inférieurs des brigades soient, comme ceux des gendarmes, inscrits sur les listes d'admission gratuite dans les écoles communales, lorsque les parents en font la demande. (*Circ. lith. du 26 mai* 1873.)

P. 169. Les agents doivent veiller avec soin à ce que les cartes de libre parcours ne soient pas égarées. Dès que la perte d'une carte a été constatée, le directeur doit d'ailleurs le faire savoir à l'administration, afin que la compagnie puisse en être immédiatement avisée. (*Circ. man. du 13 février* 1873.)

**317.** — 181 S. 5° ligne. Pour Vichy, *mettre :* 1er *aux mois indiqués, et ajouter :* 1er septembre. Amélie-les-Bains, 1er avril et 31 mai ; 1er juin et 14 juillet ; 15 juillet, jusqu'au 31 août ; 1er septembre, jusqu'au 15 octobre, et deux saisons d'hiver : 15 novembre au 14 janvier, et 15 janvier au 15 mars.

Les demandes doivent parvenir à l'administration (service général), au plus tard le 5 mars, pour les deux premières saisons de tous les établissements, excepté la 2e de Bourbonne, et le 5 mai pour les dernières de tous les établissements, compris Bourbonne. Le 5 octobre pour la 1re, et le 5 décembre pour la 2e des saisons d'hiver d'Amélie-les-Bains.

Pour la période d'hiver, il est expressément recommandé de n'envoyer à Amélie-les-Bains que des malades atteints d'affections des voies respiratoires. (*Circ. man. du 26 février* 1874.)

**318.** — 115. Pour s'absenter, tout agent doit préalablement obtenir, par la voie hiérarchique, un congé régulier.

Les directeurs accordent des congés aux employés à leur nomination, mais dans la limite de trois mois, qu'on ne peut jamais dépasser sans l'autorisation de l'administration.

Les directeurs peuvent, en cas d'urgence, autoriser le départ immédiat des employés autres que ceux à leur nomination, mais ils doivent en rendre compte à l'administration en transmettant la demande de congé, et lui adresser une copie certifiée de la pièce produite pour justifier l'exception.

Tout congé qui n'a pas été notifié à l'agent dans les deux mois de sa date, est périmé. Est aussi périmé tout congé dont il n'a pas été fait usage dans les quinze jours de la notification.

La date de la demande détermine les conditions auxquelles le congé peut être accordé.

L'exonération de la retenue peut être prononcée pour un mois, quand le concessionnaire ne s'est pas absenté depuis trois années, calculées à partir du jour de rentrée du dernier congé ; pour quinze jours, si l'employé ne s'est pas absenté pendant l'année courante.

S'il s'agit d'un congé *pour affaires*, les directeurs doivent indiquer la précédente absence *pour affaires*, et non celle qui aurait eu lieu *pour cause de maladie*, et réciproquement.

En cas de maladie dûment constatée, l'autorisation d'absence peut être accordée à solde entière pour trois mois, et à demi-solde pour trois autres mois. Ces limites ne peuvent être dépassées que dans les seuls cas prévus par les paragraphes 1 et 2 de l'art. 11 de la loi du 9 juin 1853. V. n° 86. Les pièces justificatives doivent être soumises à l'examen de l'Administration à l'appui de la proposition du directeur.

Les demandes de congé pour cause de maladie doivent être appuyées, pour les officiers et agents inférieurs des brigades, de certificats délivrés par les *médecins des brigades;* pour les employés supérieurs et ceux du service sédentaire, de certificats délivrés par *les médecins délégués par les préfets et assermentés* (1).

Lorsqu'il s'agit d'un inspecteur, d'un sous-inspecteur, d'un receveur principal ou subordonné, d'un capitaine, d'un lieutenant, il est nécessaire d'indiquer les mesures d'intérim. V. n° 15 S.

Les formules de congé délivrées par les directeurs et les rôles d'appointements doivent relater très-exactement les dispositions en vertu desquelles l'exonération de retenue a été accordée.

Les états série E 90 *ter* doivent mentionner, dans l'ordre des concessions, tous les employés auxquels des congés ont été accordés. Lorsqu'un employé a renoncé à profiter d'un congé ou que son congé est périmé, mention doit en être faite en regard du nom de l'employé, dans la colonne d'observations. (*Circ. in-4° du 9 mars 1875.*)

En cas de changement de direction, tout congé, soit que l'agent en jouisse au moment de la notification de l'ordre de mutation, soit qu'il n'en ait pas encore profité, est de plein droit annulé à compter de la date de l'avis du bureau du personnel.

Si l'employé a besoin alors d'un nouveau congé, c'est au directeur sous les ordres duquel il passe qu'il doit en faire la demande. Le délai fixé par l'avis en personnel pour joindre la nouvelle destination n'est pas prolongé. (*Circ. man. du 26 novembre* 1874.)

A défaut de chef pour certifier les époques de départ et d'arrivée, on recourra à l'un des membres de l'autorité locale. (*Note de l'avis. Série E, n° 81.*)

26 S. 6° ligne. *Ajouter* : Circ. man. du 23 juillet 1874.

Le bénéfice de la division du maximum annuel ou triennal de gratuité, V. n° 182 S, est maintenu. (*Circ. man. du 23 juillet* 1874.)

**319.** — 119. P. 195. Du 1er au 15 octobre, le directeur adresse à l'administration

---

(1) Les certificats doivent être sur papier timbré et revêtus de la légalisation légale. V. n° 91.

un état série O, n° 254, des immeubles et terrains occupés par le service, en commençant par la gauche des lignes. (*Circ. man. du 26 septembre* 1873.)

183 S. 2° §, note. *Rayer* : Les fasquelines, actuellement fabriquées à Paris. (*Déc. du 21 juin* 1873.)

Les bulletins d'envoi série O, n° 239, relatifs aux objets fournis par le matériel, doivent être renvoyés à l'administration revêtus d'un certificat de prise en charge délivré par l'agent qui inscrit les objets à l'inventaire de son bureau. (*Circ. man. du 27 juillet* 1875.)

320. — 121. A raison des nécessités résultant de la rapidité toujours croissante des communications maritimes, des autorisations exceptionnelles de travail en dehors des heures fixées par la loi peuvent être accordées dans les conditions suivantes :

Les demandes du commerce pour un travail extraordinaire, dans les ports, sont produites sur papier timbré et contiennent l'engagement : 1° de se conformer aux mesures de surveillance jugées nécessaires par la douane; 2° de verser dans les vingt-quatre heures, à la caisse du receveur, le montant des indemnités dues. Le chef local doit s'assurer, surtout pour le travail de nuit et celui des jours fériés, qu'il y a une nécessité réelle et qu'elle exige l'intervention d'un service spécial, et se préoccuper du personnel disponible. Il accorde alors ou refuse l'autorisation sous sa responsabilité. En cas d'autorisation, celle-ci est inscrite sur la demande avec l'indication précise des mesures qui doivent être prises, sans imposer aux agents des fatigues exagérées et sans priver le Trésor des garanties qu'il importe de lui assurer.

Des indemnités sont dues quand il a été coté un service spécial à des opérations comprenant la vérification ou reconnaissance des marchandises; elles sont fixées ainsi (1) :

De 6 heures du matin à 7 heures du soir, par heure et par chacun des agents de brigades, jusque et compris les patrons (2), cotés spécialement à l'ensemble du travail.................................................................. 2 fr.

De 7 heures du soir à minuit........................................ 3

De minuit à 6 heures du matin....................................... 4

Il y a exemption d'indemnité pour les services concernant les dépêches et les voyageurs, le cabotage, la petite pêche, les débarquements ou embarquements dégagés de tout acte de vérification ou reconnaissance des marchandises, V. n° 323, quand les marchandises en transit international passent de wagon à navire ou de navire à wagon, sans temps d'arrêt.

Les indemnités sont encaissées par le receveur à l'article : Recouvrements pour des tiers, opérations de trésorerie (3); il justifie de la dépense au moyen de l'ordre de paiement du directeur et d'un état collectif dûment émargé par les parties prenantes. (*Déc. min. du 7 décembre* 1874; *circ. man. du* 19.)

Ces dispositions ne concernent pas les tolérances locales consacrées par le temps dans les grands ports. (*Circ. man. du 21 avril* 1875.)

---

(1) Pour les jours ordinaires comme pour les jours fériés. (*Circ. man. du 21 avril* 1875.)

(2) La surveillance des officiers doit s'exercer en tout temps. (*Circ. man. du 1er mars* 1875.)

(3) Le receveur délivre des quittances sur papier libre revêtues d'un timbre mobile de 10 centimes quand il y a lieu, V. n° 157 S., et il rappelle sur ces pièces le numéro de recette au livre-journal. (*Circ. man. du 1er mars* 1875.)

**321.** — 130. Du 1ᵉʳ au 15 octobre, le directeur adresse à l'administration un état série O, nᵒ 253, des embarcations. (*Circ. man. du 27 septembre 1873.*)

**322.** — 132. Les devis d'entretien annuel motivent une lettre spéciale d'envoi pour les dépenses : 1ᵒ mobilières (bureaux et corps-de-garde); 2ᵒ immobilières. (*Déc. du 21 juin 1873.*)

**323.** — 145. Les marchandises groupées au tarif sous un terme générique doivent être désignées dans les déclarations sous la dénomination la plus usitée dans le commerce. (*Circ. in-4ᵒ du 7 avril 1873.*

**324.** — 159. 3ᵉ §. Dans le cas où les vérifications d'épreuves donnent un poids inférieur au poids déclaré, le service ne peut pas réduire proportionnellement le poids de chacun des autres colis, car il n'a pas le droit, si ce n'est après constatation effective, de réduire la perception qui serait réalisable d'après les quantités énoncées dans la déclaration. On doit donc, dans l'intérêt du Trésor, poursuivre les vérifications, à moins que le redevable, afin d'éviter les lenteurs d'une vérification intégrale, ne demande que pour les colis non-vérifiés, celle-ci soit admise pour conforme. Mention de cette demande doit être faite sur la déclaration. Mais si les vérifications d'épreuves donnent un poids supérieur au poids déclaré, ce n'est plus l'intérêt du Trésor, mais celui du redevable qui s'oppose à ce que l'excédant reconnu soit appliqué proportionnellement au reste des colis. C'est seulement encore sur la demande du déclarant qu'il peut être procédé de la sorte. A défaut de cette demande, la vérification doit être poussée jusqu'au bout. (*Circ. in-4ᵒ du 28 juin 1873.*)

**325.** — 164. Pour déjouer les fraudes concernant les liquides et découvrir des récipients suspendus dans des fûts, il faut employer la sonde courbe, non la sonde diagonale. (*Circ. man. du 1ᵉʳ juillet 1874.*)

Lorsque d'après la quantité d'essence obtenue par la distillation des huiles de pétrole, il y a présomption qu'il ne s'agit pas de pétrole brut et qu'on se trouve en présence d'une déclaration inexacte quant à la nature du produit, il convient, si toute intention de fraude est écartée, de s'abstenir de liquider et de porter en recette les droits d'entrée résultant de la vérification. Le service rédige un acte conservatoire et prélève des échantillons pour l'expertise légale, puis fait consigner le montant de ces droits et passer une soumission garantissant le supplément de taxe qui pourrait être reconnu exigible. Si les droits doivent être payés au moyen de traites, la soumission assure le recouvrement suivant les bases déterminées ultérieurement par les commissaires-experts. Dans ce dernier cas, l'effet du crédit remonterait à la date de la soumission. (*Circ. man. du 8 avril 1875.*)

Quand des lithophanies, en porcelaine, visibles par transparence, sont présentées à l'importation, le service avise l'autorité locale et ne les laisse enlever qu'après que celle-ci a constaté sur la déclaration que l'introduction peut être effectuée. (*Circ. in-4ᵒ du 20 mai 1874.*)

**326.** — 167. 1ᵉʳ §. Les boîtes en fer-blanc renfermant des conserves de poisson, du lait concentré, des biscuits au sucre, etc., sont considérées comme faisant partie intégrante de la marchandise. Toutefois, ces boîtes peuvent, si le déclarant le préfère, être assujetties à la taxe de 12 p. 0/0 de la valeur, selon ce qui est autorisé pour les estagnons. Cette taxe est d'ailleurs passible des 4 p. 0/0 additionnels. (*Circ. in-4ᵒ du 28 avril 1874.*)

Les récipients et l'eau (1) servant au transport du phosphore sont défalqués du poids net. Impropres à tout autre usage, ces récipients doivent être remis en franchise. (*Circ. lith. du 26 mars 1873.*)

---

(1) Par analogie avec ce qui est réglé pour les cédrats et les oranges, en vert, mis dans de l'eau de mer.

**327.** — 179. Le réglement des droits garantis par des soumissions cautionnées, qu'il s'agisse de paiement en numéraire ou de souscription de traites, doit être fait tous les trois jours, à dater du jour de l'inscription au registre de liquidation. *(Circ. de la compt. du 25 juin 1875, n° 106.)*

**328.** — 188. *Rayer*, l'escompte étant supprimé par la loi du 15 février 1875.

**329.** — 189. 1er §. Les redevables de droits d'importation ou de la taxe de consommation sur les sels peuvent être admis à présenter des obligations, dûment cautionnées, à quatre mois d'échéance, lorsque la somme à payer, d'après chaque décompte, s'élève à 300 fr. au moins. *(Loi du 15 février 1875, art. 2; circ. du 19, n° 1259.)*

Le mot *décompte* implique que le crédit ne doit être concédé que pour les liquidations inscrites dans une même journée, au nom du même redevable et donnant ensemble ouverture à une perception d'au moins 300 fr. *(Circ. n° 1259.)*

Le crédit donne lieu à un intérêt de retard de 3 p. 0/0 par an *(Même loi; arrêté min. du 17 février 1875; circ. n° 1259.)*

Chaque traite doit être du montant du droit dû au Trésor et de l'intérêt afférent à ce droit pour quatre mois. *(Même circ.)*

P. 245. 17e ligne. *Après le mot* franc, *rayer*. *(Circ. man. du 25 septembre 1875.)*

Les redevables sont tenus de ne souscrire qu'une seule traite, quand les droits soldés en papier dans une même journée n'excèdent pas 2,000 fr. en principal. Les traites ne sauraient être inférieures, en principal, à 300 fr. et doivent spécifier, d'une part, le montant en principal des droits crédités, sans fraction de franc; d'autre part, l'intérêt de retard avec les fractions de franc qu'il comporte.

Ils ont la faculté d'acquitter le montant d'une même liquidation partie au comptant et partie en traites, avec intérêts de retard.

L'intérêt de retard n'existant que par le fait du crédit, il n'est dû qu'à l'échéance de la traite qui devient le titre de perception. On ne saurait donc admettre qu'il fût payé lors de la remise de la traite. *(Circ. in-4° du 12 avril 1875.)*

Les conservateurs des hypothèques sont tenus de remettre, sans frais, aux receveurs principaux des douanes, sur leur réquisition, des états sur papier non timbré, indiquant la situation hypothécaire des souscripteurs d'obligations et de leurs cautions. *(Circ. in-4° du 16 août 1875.)*

Si les obligations cautionnées étaient souscrites dans la forme du billet à ordre par le gérant d'une société commerciale, celle-ci pourrait en décliner la responsabilité, en invoquant la clause de ses statuts exigeant expressément la signature de deux associés pour la création de titres de cette nature; par suite, on ne serait pas fondé à en faire la cause d'une contrainte décernée contre la société. *(Circ. in-4° du 4 août 1875.)*

**330.** — 193. 1er §. *Ajouter :* Loi du 15 février 1875; arrêté min. du 17; circ. du 19, n° 1259.

La remise ne doit grever que la somme exigible au moment de la souscription de la traite et dont il est fait crédit, c'est-à-dire le montant des droits en principal. *(Circ. in-4° du 12 avril 1875.)*

**331.** — 194. 2e §. La perception des droits est opérée sur le poids *net* des marchandises toutes les fois que le droit, augmenté, s'il y a lieu, des décimes, excède 10 fr. par 100 kilog. A cet égard, on se règle d'après la quotité du droit normal, c'est-à-dire du droit applicable aux importations des pays hors d'Europe. Quant aux surtaxes de provenance, elles sont exigées sur le net ou sur le brut, selon que le droit normal atteint lui-même le net ou le brut. *(Circ. du 20 octobre 1873, n° 1222.)*

**332.** — 193 S. P. 13, note 1. 3e §. Pour les marchandises dirigées en transit international sur la douane de Paris, il n'est dû qu'une fois le droit de statistique, et c'est à cette douane qu'il est perçu. Les feuilles de gros et les formules, série T, nos 32 et 33, doivent, toutes les fois que, par exception, et pour une raison quelconque, le bureau d'expédition a opéré le recouvrement du droit de statistique, rappeler que cette perception a été effectuée. (*Circ. in-4° des* 30 *décembre* 1873 *et* 10 *avril* 1874.)

C'est aussi le service de Paris qui exige le droit de statistique pour les exportations faites de Paris sous le régime du transit international. (*Circ. in-4° du* 30 *décembre* 1873.)

Il y a franchise pour les navires étrangers importés en vue de la francisation. (*Note* 5, *du* 14 *janvier* 1875.)

Les produits tels que les os et sabots de bétail, les os calcinés à blanc, la poudre d'os, etc., qui, d'après le tarif, ne rentrent pas dans la catégorie des engrais (*V.* note 2, p. 14), sont taxés à raison de 10 cent. par colis, s'ils sont présentés autrement qu'en vrac. (*Note* 5, *du* 14 *janvier* 1875.)

P. 14, note 1. Dernier §. *Ajouter :* dont le poids moyen n'excède pas 15 kilog. (*Circ. in-4° du* 7 *novembre* 1874); de riz importés en petits colis dont le poids n'excède pas 35 kilog. (*Circ. in-4° du* 18 *décembre* 1873.)

Note 2. 1er §. En ce qui concerne les produits qui, comme les bois à construire, sciés de 80 millimètres ou moins d'épaisseur, tarifés à l'unité de longueur, les déclarants sont libres d'opter entre l'un ou l'autre des régimes établis pour les produits qui ne sont pas emballés, et le droit est liquidé d'après le poids de 1,000 kilog. ou par mètre cube. (*Note* 5, *du* 14 *janvier* 1875.)

3e §. 2e ligne. *Au mot : Sels, ajouter :* marins ou alimentaires (*Circ. in-4° du* 12 *juillet* 1875), nitrate de soude (1). (*Circ. in-4° des* 12 *mai et* 12 *juillet* 1875.)

P. 15. Les agents des douanes doivent constater les infractions par procès-verbal. (*Circ. in-4° du* 5 *octobre* 1874.)

**333.** — 210. 4e §. 2e ligne. Après 74, *rayer et mettre :* ter, le 16, pour la première quinzaine, et n° 74, le 2, pour le mois entier. (*Circ. man. du* 17 *février* 1873.)

*Rayer le* n° 37 S.

Chaque recette principale est pourvue d'une griffe portant avec le mot *Douanes* un n° d'ordre ; cette griffe doit être appliquée à l'encre bleue, sur le côté gauche de l'entête de toute pièce quelconque à soumettre à la Cour des comptes par l'intermédiaire de la comptabilité générale. (*Circ. man. du* 8 *février* 1873.)

6e §. 3e ligne. *Après* soin, *mettre :* et un relevé série C, n° 102 *bis*, des recettes effectuées au compte des fonds particuliers. (*Circ. de la compt. du* 15 *janvier* 1874, n° 104.)

Les enveloppes renfermant les pièces adressées à la comptabilité doivent être revêtues de l'étiquette série C, n° 112. (*Circ. de la compt. du* 15 *janvier* 1874, n° 104.)

**334.** — 200 S. Les dépenses périodiques fixées par le budget sont liquidées pour toute la durée de l'exercice par l'approbation de l'administration dont sont revêtus les états de frais de régie. Quand il s'agit de dépenses variables et éventuelles, la liquidation s'en fait par des arrêtés spéciaux de l'administration. (*Circ. man. du* 17 *mars* 1873.

Le paiement des appointements et des indemnités de résidence ou de plombage doit, s'il est mandaté, être inscrit directement au chapitre des dépenses définitives. (*Circ. man. du* 24 *mars* 1873.)

Les avances pour frais de chauffage sont absolument interdites. Les comptables ne doivent inscrire aux fonds particuliers que les traitements ou les sommes reve-

---

(1) Le nitrate de soude est traité comme les engrais. Les autres produits auxquels la nomenclature chimique donne le nom générique de sels, sont passibles de la taxe de 10 cent. par colis ou de dix cent. par 1,000 kilog., selon l'état dans lequel ils sont présentés. (*Circ. in-4° du* 12 *juillet* 1875.)

nant à des agents qui ont émargé régulièrement des états collectifs. (*Lettre de la compt. du 9 mars* 1874.)

Les avances faites par un comptable en dehors des réglements doivent être immédiatement reversées par lui dans sa caisse. (*Lettre de la compt. du 29 juillet* 1873.)

Les dépenses qui peuvent être inscrites aux avances à régulariser sont indiquées au bordereau mensuel série C, n° 4, p. 7. (*Circ. in-4° du 5 février* 1873.)

**335.** — 228. Les virements de fonds ne peuvent servir au paiement des loyers des immeubles loués par l'administration qu'autant que les baux stipulent que le prix sera acquitté dans une autre principalité que celle qui est chargée de présenter la dépense dans ses comptes. (*Lettre de la compt. du 15 juillet* 1874.)

**336.** — 231. P. 297. 6° §. *Rayer le n° 78* (1ʳᵉ ligne). Les comptes, modèle H, doivent être en concordance avec les bordereaux n° 4 de décembre. (*Circ. de la compt. du 25 juin* 1875, *n°* 106.)

## Police des côtes et frontières.

**337.** — 287. Tout détenteur, dans le rayon, de marchandises en balles ou en ballots, sans expédition valable, est de plein droit, et par une présomption légale, réputé à la fois entrepositaire et importateur frauduleux.

Le détenteur à domicile, de marchandises prohibées, ne saurait échapper à la responsabilité pénale qui pèse sur lui qu'en rapportant la preuve de non-contravention, laquelle ne peut résulter que d'un fait de force majeure auquel n'a pu résister ou que n'a pu prévoir celui qui l'invoque. Il est toujours personnellement passible de l'amende, alors même qu'il aurait signalé le propriétaire des marchandises. (*Arrêt de la C. de Montpellier, du 8 juin* 1874; *doc. lith., n°* 232.)

La gare qui est séparée des faubourgs et située à une certaine distance des remparts, ne fait pas partie de l'enceinte de la ville et ne peut être considérée comme en étant une dépendance et non comme un écart.

Le chef de gare qui a fait décharger les marchandises non déclarées au bureau des douanes et les a fait placer dans le hangar de la gare, en les mettant à la libre disposition du destinataire qui peut ainsi les retirer et les soustraire à la surveillance de l'administration, doit d'ailleurs être considéré comme détenteur des colis renfermant les armes de guerre et être personnellement et pénalement responsable de la contravention d'entrepôt illicite. (*Arrêt de C. du 14 juin* 1874; *doc. lith., n°* 233.)

**338.** — 317. P. 349, 1ᵉʳ §. *Ajouter* : Et qui est compétent pour la traduction de leur journal de bord. La conduite d'un navire doit toujours être faite par un seul courtier. (*Déc. min.; circ. in-4° du 23 mai* 1874.)

## Importations.

**339.** — 323. La loi interdit absolument les débarquements et les embarquements pendant la nuit; elle laisse au service la faculté de les autoriser du lever au coucher du soleil, ce qui a lieu d'ordinaire, sauf les dimanches et autres jours de fêtes légales. (*Circ. man. du 1ᵉʳ mars* 1875.) V. n° 121 pour les heures de bureau, et le n° 320 S pour les autorisations de travail en dehors des heures fixées par la loi.

**340.** — 343. Les marchandises exemptes de droits d'entrée et qui, par suite, sont affranchies des formalités du transit ordinaire, peuvent être expédiées sous le régime du transit international toutes les fois qu'elles sont déclarées pour ce régime dès la sortie du bord. (*Circ. in-4° du 10 mars* 1874.)

**341.** — 380. 2ᵉ §. *Ajouter* : Godewaersvelde (station). (*Circ. n°* 1214.) Vieux-Condé (gare). (*Circ. n°* 1241.) Isigny. (*Circ. n°* 1274.) Hôpitaux-Neufs (Doubs). (*Circ. n°* 1281.)

**342.** — 383. 2ᵉ §. Vieux-Condé (gare). (*Circ. n°* 1241.) Blancmisseron (gare et route). (*Circ. n°* 1282.)

**343.** — 384. 2ᵉ §. Vieux-Condé (gare). *(Circ. nᵒ 1241.)*

**344.** — 386 bis. L'importation des huiles de pétrole et autres huiles minérales rectifiées et de leurs essences, ne peut s'effectuer que par les bureaux de Dunkerque, Lille, Valenciennes, Givet, Longwy, Lunéville, Delle, Bellegarde, Marseille, Cette, Bayonne, Bordeaux, La Rochelle, Nantes, Rouen, Le Hâvre, Boulogne, Bastia, Paris, Lyon. *(Décret du 30 décembre 1873 ; circ. du 2 janvier 1874, nᵒ 1230.)* Dieppe, Jeumont, Belfort. *(Circ. nᵒ 1245.)* Pagny-sur-Moselle. *(Circ. nᵒ 1257.)*

**345.** — 399, 400 et 405. En cas d'importation sans déclaration (1) par les bureaux de terre ou de mer, de marchandises prohibées et de celles qui sont taxées à 20 fr. et plus les 100 kil. ou soumises à des taxes de consommation intérieure, les art. 41, 42, 43, 52 et 53 du titre V de la loi du 28 avril 1816, section des Douanes, et 37, titre VI de la loi du 21 avril 1818 (*V.* nᵒ 409), seront appliqués. *(Loi du 2 juin 1875, art. 1 ; circ. du 5, nᵒ 1273.)*

Cet article de la loi de 1875 convertit les contraventions en infractions relevant des tribunaux correctionnels, autorise l'arrestation préventive des délinquants (2) et permet au ministère public de poursuivre d'office. *V.* nᵒ 421. Le régime des manifestes n'est pas modifié. *V.* nᵒ 299. *(Circ. nᵒ 1273.)*

La loi du 2 juin 1875 ne s'applique pas à la fausse déclaration dans la qualité ou l'espèce des marchandises. *V.* nᵒ 175.

Pour apprécier si on doit l'invoquer au sujet dés déclarations fausses quant à la nature des marchandises, il faut se placer au point de vue d'une simple déclaration sommaire et examiner si la différence qui existe entre la marchandise et la déclaration est telle qu'elle permît, relativement à un manifeste, de constater la contravention reprise au nᵒ 26 du tableau annexé à la circ. de 1844, nᵒ 2046. *V.* nᵒ 306, 2ᵉ §. En cas d'affirmative, la loi de 1875 est applicable. *(Circ. in-4ᵒ du 22 juillet 1875.)*

400. 1ᵉʳ §. *V.* nᵒ 346 S.

**346.** — 408. Tout versement frauduleux, toute tentative (3) de versement frauduleux des marchandises énoncées au nᵒ 345 S, effectués soit dans l'enceinte des ports (4), soit sur les côtes, sont poursuivis et punis conformément aux art. 34 et 37, tit. VI de la loi du 21 avril 1818, et aux art. 51, 52 et 53, tit. V de la loi du 28 avril 1816. *(Loi du 2 juin 1875, art. 2 ; circ. du 5, nᵒ 1273.)*

Les procès-verbaux ou les conclusions déposées, *V.* nᵒ 1068, au nom de l'administration, doivent constater, soit : 1ᵒ l'importation elle-même ; 2ᵒ la prohibition des marchandises importées ; soit : 1ᵒ l'introduction frauduleuse ; 2ᵉ la tarification à 20 fr. et plus par quintal métrique. *(Circ. du 20 janvier 1874, nᵒ 1234.)*

**347.** — 409 bis. Le transport en contrebande, *par voiture*, de marchandises prohibées et de celles qui sont taxées à 20 fr. et plus les 100 kilog., ou soumises à des taxes de consommation intérieure, donne lieu à l'application des art. 48, 51, 52 et 53 du tit. V de la loi du 28 avril 1816, section des douanes, et 37, tit. VI de la loi du 21 avril 1818. *(Loi du 2 juin 1875, art. 3 ; circ. du 5, nᵒ 1273.)*

---

(1) On doit entendre par ces mots, non seulement l'absence absolue de déclaration, mais encore toute importation pour laquelle est produite une déclaration inexacte quant à la *nature* de la marchandise. *(Circ. nᵒ 1273, note p. 1.)*

(2) L'arrestation n'est point d'ordinaire pratiquée à l'égard des simples voyageurs ou des commerçants établis ; et, en cas de bonne foi, on doit soustraire les délinquants, par des transactions consenties avant jugement, à une comparution devant le tribunal correctionnel *(Circ. nᵒ 1273.)*

(3) L'art. 2 du Code pénal énumère les conditions nécessaires pour que la tentative puisse être incriminée.

(4) Cet article abroge ainsi en partie l'art. 35 de la loi du 21 avril 1818. *V.* nᵒ 400.

**348.** — 414. Dans tous les cas d'application des art. 41 à 53 de la loi du 28 avril 1816, tit. V, section des douanes, et 37 de la loi du 21 avril 1818, les marchandises servant à masquer la fraude sont confisquées avec l'objet de contrebande et les moyens de transport. (*Loi du 2 juin 1875, art. 4; circ. du 5, n° 1273.*)

Les procès-verbaux doivent relater très-exactement la nature et le mode de chargement. On doit, en outre, offrir main-levée des marchandises masquant la fraude. (*Circ. n° 1273.*)

**349.** — 415. 4e §. Pour une amende égale à la valeur des objets confisqués, il s'agit de la valeur marchande en France. (*A. de C. du 23 janvier 1874; doc. lith., n° 230.*)

Si, en thèse générale, lorsqu'aucune loi ne détermine, en matière de contrebande, de quelle manière sera estimée la valeur des marchandises qui doit servir de base à l'amende proportionnelle, les juges ont un pouvoir discrétionnaire, il en est différemment quand cette valeur se trouve déterminée par l'Administration supérieure agissant dans les limites qui lui ont été conférées par la loi, comme quand il s'agit de tabac. (*Arrêt de C. du 17 mai 1870; doc. lith., n° 229.*) V. n° 1013.

## Entrepôts.

**350.** — 490. 2e §. *Ajouter* : Lille (*Circ.*, n° 1201), Épinal (*Circ.*, n° 1220.)

## Transit.

**351.** — 506. *Ajouter* : V. n° 340 S.

**352.** — 220 S. 3e et 4e §. *Ajouter* : Loi du 19 mars 1875; circ. du 31, n° 1265.

6e §. *Ajouter* : Circ. du 31 mars 1875, n° 1265. V. n° 355 S.

**353.** — 538. Der §. *Après* librairie *mettre* : et de musique gravée (1).

**354.** 540. 2e §. Vieux-Condé (Gard). * (*Circ. n° 1241.*) La Nouvelle (Aude). (*Circ. n° 1251.*) Hôpitaux-Neufs (Doubs). * (*Circ. n° 1281.*)

## Admissions temporaires.

**355.** — 541. P. 480. 7e §. La loi du 30 janvier 1872 a remplacé le transport des marchandises déclarées pour l'admission temporaire sous le régime antérieur au décret du 28 juillet 1869, sauf à tenir compte des assimilations de pavillon résultant des traités. Or, par exemple, les marchandises apportées directement de la Grande-Bretagne en France par navires français et par navires anglais, sont dans les conditions d'une parfaite égalité de traitement. (*Circ. in-4° des 29 mars et 20 juin 1873.*)

P. 482. Le procès-verbal administratif rédigé au bureau de sortie pour constater l'absence du visa des passavants aux bureaux de seconde ligne, V, n° 220 S, est adressé à la douane d'émission des passavants. Cette douane repousse alors de la décharge des comptes d'admission temporaire les quantités énoncées aux expéditions irrégulières. (*Circ. in-4° du 20 juin 1873.*)

---

(1) L'exclusion du transit, pour les compositions musicales, est limitée aux éditions étrangères dont la propriété appartient exclusivement à des éditeurs français. Les publications dont la propriété a été cédée pour d'autres pays que la France, à des éditeurs étrangers, peuvent dès lors être expédiées, soit en transit international, soit en transit ordinaire, et, dans ce dernier cas, sous le régime du prohibé. (*Circ. du 14 décembre 1874, n° 1255.*)

2

**356.** — 548. D<sup>er</sup> §. Les huiles peuvent, après épuration, être réexportées par un port ou par un bureau autre que celui d'importation. (*Circ. in-4° du 14 mars 1873.*)

**357.** — 549. 1<sup>re</sup> ligne. *Ajouter :* de coton et de niger. (*Décret du 27 février 1873 ; circ. du 7 mars suivant, n° 1191.*)

Le rendement en huile de graines de coton est de 19 0/0 ; de graines de niger, 33 0/0. (*Même décret, art. 4.*)

**358.** — 566. 4° §. Le service ne peut apporter à l'entrée ou à la sortie aucune modification à la nature des objets désignés dans les décisions d'ouverture de crédit. (*Circ. in-4° du 14 janvier 1875.*)

70 S. 3<sup>e</sup> §. Il n'est pas au pouvoir de l'administration d'accorder un sursis. (*Déc. du 27 août 1875.*)

224 S. P. 22. 9<sup>e</sup> §. Les seuls fers ronds dont l'apurement puisse être fait au moyen de fils de fer de 2 millimètres de diamètre ou moins, sont les fers-machines ou verges de tréfilerie enroulés en cercles ou couronnes. Les fers ronds importés dans tout autre état ne peuvent, dans aucun cas, être compensés par des fils de fer. (*Circ. in-4° du 14 janvier 1875.*)

**359.** — 570. 4° §. *A ce §, substituer ceux-ci :*

La réexportation des farines ne peut s'effectuer que par les bureaux des douanes de la direction par laquelle l'importation des froments a eu lieu.

Les bureaux de réexportation doivent être des ports d'entrepôt réel ou des bureaux de douane ouverts, soit au transit, soit à l'entrée des marchandises taxées à plus de 20 fr. les 100 kil. (*Décret du 18 octobre 1873 ; circ. du 20, n° 1223.*)

Cette restriction a en vue d'empêcher que les grains introduits dans une région ne soient compensés au moyen de farines provenant de grains d'une autre région. Le commerce a la faculté d'apurer les soumissions de grains par la constitution des farines en entrepôt. Cette condition accomplie, l'expédition ultérieure des mêmes farines, sous les conditions du transit, ne saurait être interdite, quel que soit le point par lequel la sortie doive s'effectuer. (*Circ. in-4° du 8 novembre 1873.*)

Le service ne doit pas prolonger le délai énoncé dans la soumission, qui, d'ailleurs, peut être apurée par l'acquittement du droit d'entrée et de l'intérêt légal de 5 0/0 à compter de la date de la soumission. (*Circ. man. du 18 octobre 1873.*)

**360.** — 571. Les sucres dont la nuance paraît ne pas correspondre à la richesse effective peuvent, selon le cas, être surclassés ou déclassés après que leur rendement au raffinage a été constaté par les procédés saccharimétriques.

Il existe, pour ces analyses, un laboratoire spécial à l'administration, et dans les ports de Marseille, Bordeaux, Nantes, Le Hâvre et Dunkerque.

Toutes les fois que des affaires de cette nature se produiront à Paris et dans les ports désignés ci-dessus, les sucres devront être soumis à l'examen du laboratoire local. A cet effet, le service prélèvera avec grand soin, dans la forme prescrite par les règlements, V. n° 297 S, quatre échantillons identiques, dont deux pour l'administration et les experts, en prévision du recours à l'expertise légale ; le troisième pour le laboratoire ; le quatrième pour subvenir aux accidents qui peuvent se produire.

Si l'analyse établit l'exactitude de la déclaration, l'affaire se trouvera terminée.

Quand, au contraire, la classification déclarée ne sera pas en rapport avec celle qui résultera de la richesse constatée, et si, d'ailleurs, les intéressés n'acceptent pas ce résultat, les commissaires-experts seront appelés à prononcer. V. n° 37.

Les sucres au-dessous du n° 7 et les sucres des n<sup>os</sup> 7 à 9 sont ceux dans lesquels le défaut de concordance entre la nuance et la richesse se présente le plus fréquemment. Hors le cas où aucun doute n'existerait pour le service sur leur qualité réelle, tous les sucres de ces deux catégories devront, dans les ports où il existera des laboratoires, être soumis à l'analyse chimique.

En ce qui concerne les autres bureaux, les contestations auxquelles le classement des sucres donnera lieu continueront d'être vidées suivant les règles actuelles, c'est-à-dire par un recours direct aux experts. Toutefois, en ce qui concerne les sucres au-dessous du n° 7, ainsi que les sucres des n°ˢ 7 à 9, le service prélèvera des échantillons, même pour les lots qui paraîtraient bien déclarés. Ces échantillons seront adressés à l'administration par la poste, comme ceux destinés à l'expertise légale. (*Circ. in-4° du 22 septembre 1875.*)

Le recours à l'expertise légale, V. n° 37, est ouvert : 1° au service, toutes les fois que la richesse effective d'un sucre paraît supérieure au rendement indiqué par sa nuance; 2° aux redevables, à l'égard des sucres supposés plus pauvres que leur nuance ne semblerait l'annoncer. Dans les deux cas, les commissaires-experts doivent employer les procédés saccharimétriques pour établir le classement définitif. (*Loi du 29 juillet 1875; circ. du 30, n° 1283.*)

Les sucres 7/9, pour être classés dans la catégorie supérieure, doivent en atteindre le rendement légal, soit 88 0/0, de sorte que les sucres n°ˢ 10/14, pour descendre dans la catégorie des 7 à 9, ne doivent pas titrer plus de 80 0/0. Ainsi, pour ces deux classes, de même que pour les autres, tout sucre restera dans la catégorie à laquelle il appartient par sa nuance, tant que l'épreuve saccharimétrique n'aura pas pour résultat de l'élever au rendement effectif de la catégorie supérieure ou de l'abaisser à celui de la catégorie inférieure. (*Circ. in-4° du 14 août 1875.*)

Ce n'est que sur l'autorisation de l'administration que le service doit délivrer un duplicata de certificat n° 7. (*Circ. in-4° du 19 février 1873.*)

Les bureaux appelés à constater l'exportation définitive des sucres raffinés doivent, dans les vingt-quatre heures, renvoyer les feuilles d'accompagnement ou les passavants régularisés, afin que le bureau d'expédition puisse délivrer le certificat négociable n° 7. (*Circ. in-4° des 31 mai 1864, 24 mai 1867 et 10 février 1873.*)

**361.** — 228 S. Des armateurs de navires peuvent obtenir l'autorisation de faire admettre temporairement des fontes, des fers ou du cuivre destinés à être employés comme lest ou pour des usages ne nécessitant aucune main-d'œuvre, sur les navires leur appartenant. (*Circ. man. du 3 juin 1873.*)

Au sujet de l'apurement des acquits-à-caution relatifs à l'admission temporaire des objets destinés à la marine marchande française, les directeurs doivent référer, sous le timbre du 1ᵉʳ bureau de la 1ʳᵉ division, de toute demande formée par des soumissionnaires dans le but de se libérer, moyennant le paiement du simple droit d'entrée, même avec l'intérêt à 5 p. 0/0 à compter de la date de la soumission. (*Circ. in-4° du 26 novembre 1872.*)

Au moment de la souscription des soumissions, le service doit prévenir les cautions qu'à défaut de régularisation dans le délai légal, on pourrait exiger de l'importateur et de la caution solidaire, outre les droits sur les objets non employés, une amende égale au triple de ces droits. V. n° 72 S. (*Circ. lith. du 26 juillet 1873.*)

**362.** — 73 S. On ne peut, dans le cas déterminé, admettre exceptionnellement à la taxe de 36 p. 0/0 de la valeur les marchandises prohibées, que sous la condition que le déclarant accorde au service le droit d'élever les valeurs abusivement atténuées. Autrement, les marchandises devraient être réexportées. (*Déc. du 28 janvier 1875.*)

**363.** — 230 S. 3° §. *Ajouter :* A la 1ʳᵉ ligne : Nantes. (*Circ. n° 1193.*) Et à la 5ᵉ ligne : Mais pour les chocolats destinés à être exportés en Belgique, l'importateur doit s'engager, par une soumission valablement cautionnée, à réexporter en Belgique ou à réintégrer en entrepôt, dans un délai qui ne pourra excéder quatre mois, 100 kilog. de chocolat pour 38 kilog. de cacao et 43 kilog. de sucre brut des n°ˢ 10 à 14. (*Décret du 18 octobre 1873; circ. du 20, n° 1223.*)

Peuvent servir à la décharge des comptes de sucres et de cacaos, les chocolats granulés et le chocolat sans sucre, uniquement composé de cacao et d'aromates, valant au moins 4 fr. 20 le kilog. en fabrique, droits compris, et retenant au moins 20 p. 0/0 de beurre de cacao. (*Déc. min.; circ. du 7 novembre 1874, n° 1259.*)

Les chocolats déclarés et vérifiés dans l'une des douanes légalement désignées, peuvent être expédiés avec passavants et sous la garantie du plombage sur les bureaux ouverts à l'exportation des sucres raffinés. *V.* n° 830, 2ᵉ section. (*Circ. in-4°  du 12 février* 1873.)

Les chocolats exportés à destination de l'Algérie ne peuvent être imputés à la décharge des sucres et des cacaos. (*Décret du 20 janvier* 1873 ; *circ. du 27, n° 1190.)*

**364.** — *Essence de houille destinée à être convertie en aniline.* (*Décret du 21 février* 1873 ; *circ. du 9 mars suivant, n°* 1191.)

L'importation doit avoir lieu par terre ou par mer, sous pavillon français ou sous le pavillon du pays de production.

La réexportation de l'aniline ou la réintégration en entrepôt doit s'effectuer dans un délai de six mois. (*Même décret, art.* 1 *et* 2.)

Le rendement en aniline est de 90 0/0 du poids de l'essence de houille importée. (*Même décret, art.* 4.)

On n'admet, pour la décharge des comptes, que l'aniline proprement dite, à l'exclusion des résidus de la distillation de la houille. (*Même décret, art.* 5.)

**365.** — Le commerce peut être autorisé à importer temporairement des boîtes de fer remplies de biscuits, destinées à servir à de nouvelles expéditions des mêmes produits, moyennant un aquit-à-caution descriptif garantissant la réexportation de ces récipients dans un délai de six mois. (*Circ. in-4° du* 1ᵉʳ *mai* 1874.)

## Exportations.

**366.** — 574. A l'exportation, on peut s'abstenir d'ouvrir les colis de rubans ou autres tissus de soie d'origine française lorsque la déclaration est accompagnée d'une note détaillée par colis, indiquant, outre le lieu de destination définitive et le poids brut du colis, le poids net des différents articles de marchandises, la valeur de ces articles quand ils sont repris d'après cette base dans les relevés statistiques, et la taxe du pliage et de l'emballage. (*Circ. man. du* 13 *novembre* 1873 *et circ. in-4° du* 27 *janvier* 1874.) Ces indications sont indispensables pour la formation et la complète exactitude des publications officielles de statistique. (*Circ. in-4° du* 10 *septembre* 1875.)

L'exportation des produits désignés aux n°ˢ 419 et 420 S est restreinte aux bureaux ouverts au transit des marchandises non prohibées.

Toutefois, on applique aux vinaigres et à l'acide acétique les restrictions de sortie déterminées pour les boissons. (*Circ. in-4° du* 14 *septembre* 1875.)

**367.** — 592. Les acquits-à-caution de la régie concernant les boissons exportées de Paris sous le régime du transit international, sont annexés aux relevés série T, n° 31 ; et le bureau-frontière, après constatation du passage à l'étranger, y inscrit un certificat de décharge et en fait la remise au service local des contributions indirectes. (*Circ. in-4° du* 28 *janvier* 1875.)

## Navigation.

**368.** — 623. 6ᵉ §. *Après :* canots et chaloupes, *mettre :* quel qu'en soit le tonnage. (*Circ. du* 20 *juin* 1873, *n°* 1204.)

11ᵉ et 12ᵉ §. *Ajouter :* circ. du 20 juin 1873, n° 1204.

**369.** — 624. 17ᵉ §. Le prix des actes de francisation est de 1 fr. pour les navires de moins de 20 tonneaux et de 2 fr. pour les navires de 20 tonneaux et au-dessus. (*Circ. in-4° du* 16 *juin* 1875.)

**370.** — 625. 3ᵉ §. Les bulletins d'accroissement ou d'extinction, série E, n° 2, doivent être adressés à la 1ʳᵉ division, 3ᵉ bureau (archives commerciales). (*Circ. in-4° du* 24 *mars* 1874.)

**371.** — 630. 5ᵉ §. En cas de vente des navires à l'étranger, le service qui procède à l'annulation des engagements de francisation en donne avis au receveur de l'enregistrement. *V.* n° 234 S. (*Circ. in-4° du 15 novembre* 1873.)

**372.** — 632 *bis.* Les navires sont susceptibles d'hypothèque.

Cette hypothèque maritime ou conventionnelle est inscrite sur des registres spéciaux, par les receveurs principaux des douanes qui, pour garantie, sont astreints à un supplément de cautionnement en rentes directes de 5 p. 0/0. (*Loi du 10 décembre* 1874 ; *décret du 23 avril* 1875 ; *circ. du* 28, n° 1269.)

**373.** — 635. Les navires de commerce sont jaugés, en France, d'après la méthode appliquée en Angleterre, habituellement désignée sous le nom de méthode Moorsom. (*Décret du 24 décembre* 1872 ; *circ. du* 31, n° 1184.)

Les procédés de jaugeage des navires, rangés en cinq classes, ont été déterminés par un décret du 24 mai 1873 et expliqués par les circulaires des 31 mai 1873, n° 1202, et 20 juin 1873, n° 1204, et par une publication spéciale sous le titre : Instruction pratique. (*Circ. in-4° du 31 mai* 1873.)

Dans chaque bureau, le service local est appelé à jauger les navires de la 1re classe et, si l'aptitude des employés le permet, de la 2e classe.

Un vérificateur est désigné spécialement pour effectuer dans la circonscription de chaque principalité le mesurage des autres navires, notamment des navires à vapeur.

En cas de déplacement, il est alloué une indemnité dont l'ordonnancement est provoqué régulièrement.

Si, en raison de leur âge ou de leur santé, des receveurs subordonnés ne pouvaient être chargés de jauger même les petits navires, on aurait recours à un employé du bureau composé le plus voisin. (*Circ. in-4° du 31 janvier* 1874.)

La révision des calculs est confiée au sous-inspecteur du port où le navire a été jaugé, et à défaut, au receveur. Le certificat de jauge est adressé directement, sous bandes, par le receveur à la 1re division, 2e bureau. Après examen, le certificat est renvoyé au receveur, qui fait souscrire alors les soumissions légales et envoie à l'administration, 1re division, 2e bureau, le projet d'acte de francisation, en ayant soin d'y joindre le certificat de jauge précédemment révisé.

Dans le cas où le bâtiment ne devrait pas être attaché au port où il aurait été jaugé, mention en serait faite à la première page du certificat, afin que l'administration fût en mesure de le renvoyer au bureau qui aurait à procéder à la francisation.

Le service a la faculté de délivrer, en cas d'urgence, un acte de francisation provisoire, *V.* n° 624, 13e §, en attendant l'envoi du brevet définitif. Les soumissions sont, dans ce cas, exceptionnellement souscrites avant la révision des calculs à l'administration, mais les propriétaires sont tenus de s'engager à accepter les modifications que le tonnage pourrait éprouver à la suite de cette révision. (*Circ. in-4° du 24 juillet* 1873.)

Sur la demande du commerce, on peut lui remettre des certificats spéciaux, délivrés par l'administration relativement à la navigation du canal de Suez. (*Circ. du* 10 juin 1875, n° 1275.)

**374.** — 236 S. Sont exempts du droit de quai en France, quand ils y arrivent après paiement de cette taxe dans un port de l'Algérie, les paquebots qui desservent les lignes postales de l'étranger à Marseille avec escale en Algérie (1). (*Circ. in-4° du* 14 avril 1874.)

---

(1) Mais lorsque le navire venant en France aura été assujéti en Algérie, à raison de la législation spéciale, à un droit inférieur à celui qui serait dû à l'arrivée directe dans la métropole, il sera recouvré le complément de ce droit. (*Circ. in-4° du* 15 avril 1875.)

La côte du Maroc, depuis le détroit de Gibraltar jusqu'à Mogador inclusivement, est considérée comme appartenant aux mers d'Europe. (*Circ. in-4° du 7 mars 1874.*)

Les principes consacrés au sujet des anciens droits de tonnage sont, par tolérance, étendus à la perception du droit de quai. Ainsi, en ce qui concerne un navire en relâche forcée, la vente de marchandises reconnues avariées par des experts nommés par le tribunal de commerce ne constitue pas une opération de commerce, V. 643, note 21. (*Déc. du 6 juin 1874.*)

L'application du nouveau mode de jaugeage ne porte aucune atteinte aux dispositions des traités. Aussi le droit de quai doit-il être perçu, d'après les indications des papiers de bord, pour les navires de Belgique, d'Angleterre, des Etats-Unis, du Pérou, du Nicaragua, du Honduras, de la République dominicaine, du Guatemala, de Costa-Rica, de l'Equateur, du Salvador et du Chili. Il en est de même à l'égard des navires des pays désignés ci-après, lorsque les titres de nationalité sont postérieurs aux dates indiquées : Danemark (1er octobre 1867), Autriche (1er septembre 1871), Allemagne (1er janvier 1873), Italie (1er juillet 1873.) (*Circ. in-4° du 31 mai 1873.*) Suède (1er avril 1875). (*Circ. in-4° du 27 janvier 1875.*)

**375.** — 643. P. 576. Les navires hollandais, en relâche forcée, étaient exempts des taxes de navigation lorsqu'ils ne se livraient à aucune opération de commerce. (*Déc. du 6 juin 1875.*)

## Sels.

**376.** — 674. 3e §. Le droit de consommation des sels est de 12 fr. 50 c. par 100 kil. (*Loi du 2 juin 1875, art. 6 ; Circ. du 5, n° 1272.*)

**377.** — 676. L'escompte est supprimé. Pour le crédit, V. n° 189.

**377 bis.** — 684. 3e §. 1re ligne. *Après* par, *mettre* tous. *Rayer les mots :* qui ont un entrepôt général. *Ajouter :* Tarif de 1844.

**378.** — 689. P. 49. Au 3e §, *substituer ceux-ci :* Si les diverses masses, dans les circonstances citées au § précédent et faisant l'objet de plusieurs acquits–à–caution, n'ont qu'une seule destination, on ne délivre d'abord à chaque consignataire que le montant *net* de chaque acquit-à-caution, et l'on attend que le chiffre du boni commun soit connu pour en opérer la distribution proportionnelle. En cas de déficit sur le net, le manquant porte tout entier sur l'acquit-à-caution présenté par le consignataire, pour le compte duquel a été opéré le dernier débarquement, sauf à ce négociant à s'arranger comme il l'entendra avec les autres consignataires.

Quand le chargement a plusieurs ports pour destination : 1° on ne livre, dans les ports où s'effectuent les premiers débarquements, le montant *brut* des acquits-à-caution que moyennant soumission conditionnelle d'entrepôt ou garantie du droit quant aux 3 ou 5 0/0, ainsi remis provisoirement avant reconnaissance du boni réel ; 2° revêtir les acquits-à-caution de certificats de décharge explicatifs et les annexer au moyen d'un cachet à l'acquit-à-caution qui doit suivre les sels destinés pour le port de dernier débarquement où doit se faire le décompte de la portion de boni afférente à chaque expédition ; 3° après avoir établi ce décompte, le receveur du port de dernier débarquement envoie toutes les expéditions au directeur, avec les explications nécessaires pour que ce chef ou l'administration, selon le cas, puisse indiquer aux bureaux, de prime abord, les suites à donner aux soumissions concernant les bonis provisoirement remis au commerce. (*Circ. man. du 28 septembre 1846.*)

**379.** — 711. Les sels destinés aux usages agricoles sont accompagnés d'un acquit-à-caution, Série S, n° 78. (*Circ. in-4° du 14 juillet 1875.*)

Un avis, Série S, n° 77, est adressé par le receveur au directeur, qui le transmet au directeur des contributions indirectes dans la circonscription duquel les sels sont expédiés. (*Circ. in-4° du 22 août 1874.*)

La pulvérisation des sels doit toujours s'effectuer au point de départ, lorsqu'ils ne sont pas présentés dans un état de ténuité suffisant pour faciliter leur agrégation avec les matières dénaturantes. (*Circ. in-4° du 8 juillet* 1875.)

La faculté de dénaturation au domicile des destinataires, V. n° 711, est exclusivement réservée pour les sels de coussins expédiés directement aux agriculteurs qui doivent les employer (1). (*Circ. in-4° des 22 août et 6 novembre* 1874, *8 et 14 juillet* 1875.)

**380.** — 242 S. Pour l'acquit-à-caution, série S, n° 78, et l'avis n° 77, V. n° 379 S.

Les sels neufs ne peuvent être enlevés qu'après dénaturation et sous les conditions déterminées par le décret du 8 novembre 1869. (*Circ. in-4° des 22 août* 1874 *et 14 juillet* 1875.)

## Régimes spéciaux.

**381.** — 719. 6ᵉ §. *Ajouter* : Acide gallique. (*Décret du 8 novembre* 1873 ; *circ du* 21, *n°* 1226, et *loi du* 19 *mars* 1875 ; *circ. n°* 1265.) Huiles volatiles ou essences de fabrication étrangère. (*Décret du* 14 *septembre* 1875 ; *circ. du* 17, *n°* 1289.)

**382.** — 722. 2ᵉ nomenclature. 1ᵉʳ §. *Ajouter* : Acide gallique. (*Décret du 8 novembre* 1873 ; *circ. du* 21, *n°* 1226 ; *loi du* 19 *mars* 1875 ; *circ. n°* 1265.) Huiles volatiles ou essences provenant de la distillation en Corse des plantes aromatiques récoltées dans l'île. (*Décret du* 14 *septembre* 1875 ; *circ. du* 17, *n°* 1289.)

**383.** — 725. 1ᵉʳ §. Le droit de consommation sur les sels est de 9 fr. 37 c. et demi par 100 kilog. 2ᵉ §, *au lieu de* 10 fr., *mettre* : 12 fr. 50 cent. (*Loi du* 2 *juin* 1875 ; *circ. du* 5, *n°* 1272.)

**384.** — 244 S. Les dispositions rappelées au n° 1010, au sujet des provisions de tabacs de santé ou d'habitude, ne sont pas applicables en faveur d'un habitant de la principauté de Monaco. (*Circ. man. du* 7 *septembre* 1874.)

**385.** — 732. Le droit de quai indiqué au n° 236 S est perçu, dans les ports de l'Algérie, par tonneau d'affrétement (2) sur les marchandises débarquées. (*Loi du* 20 *mars* 1875, *art.* 1ᵉʳ; *circ. du* 27, *n°* 1263.)

Le droit de quai est aussi perçu proportionnellement au nombre de passagers débarqués, et fixé comme suit : Un tonneau par chaque passager débarqué, chaque enfant, quel que soit son âge, étant compté pour un passager ; deux tonneaux pour un cheval ; trois tonneaux par voiture à deux roues, et quatre tonneaux par voiture à plus de deux roues. Les bagages des passagers, y compris les petites provisions de voyage qu'ils ont avec eux, ne sont pas comptés dans l'évaluation des marchandises débarquées. (*Même loi, art.* 2.)

Le bénéfice de la décision min. transmise par la circ. n° 1181, V. n° 236 S, est applicable aux navires français qui font escale à l'étranger uniquement pour prendre ou déposer des passagers. (*Circ. in-4° du* 27 *octobre* 1873.)

**386.** — 94 S. La loi de 1867 n'exempte de droits en France les produits de l'Algérie qu'en cas d'importation directe. *(Circ. man. du* 30 *mai* 1873.)

**387.** — 756. Ces pays restent soumis aux impôts de consommation ou de régie des

---

(1) Pour les expéditions au-dessus de 2,000 kilos de sels, et s'il s'élève des doutes sur la destination déclarée, on doit envoyer à l'Administration un duplicata de l'avis Série S, n° 77. (*Circ. in-4° du* 16 *mars* 1875.)

(2) Pour la composition du tonneau d'affrétement, on se conforme au tarif annexé au décret du 25 août 1861, transmis par la circ. n° 788. (*Circ. du* 27 *mars* 1875, *n°* 1263.)

contributions indirectes : par exemple, aux taxes intérieures indiquées aux n⁰ˢ 279 et 419 S. *(Circ. du 12 juillet* 1873, n° 1208.)

**388.** — 775. Sont supprimés à la Réunion, les droits de douane sur toutes les marchandises étrangères importées, autres que les tabacs. *(Déc. du 4 juillet* 1873.)

**389.** — 784. P. 171. 8° §. *Ajouter :* Aux tissus de cachemire d'Écosse, fabriqués en Angleterre et brodés dans l'Inde en bourre de soie, admissibles au droit conventionnel de 10 p. 0/0 de la valeur afférente aux tissus de laine non dénommés. *(Circ. in-4° du 24 septembre* 1873.)

**390.** — Dᵉʳ §. Pour les contestations sur l'espèce, la qualité ou l'origine des produits, *V.* n° 37. Le service des douanes et le commerce ont la faculté de se faire représenter chacun devant le comité d'expertise, par un expert que les deux parties sont tenues de choisir parmi les négociants ou les fabricants inscrits sur une liste formée annuellement par le président de la chambre de commerce de Paris. En cas d'accord des deux experts, le comité d'expertise se borne à enregistrer leur décision, qui sera définitive. S'il y a désaccord, les commissaires-experts du gouvernement remplissent le rôle d'arbitres et prononcent en dernier ressort. *(Convention supplémentaire avec l'Angleterre du 24 janvier 1874, art. 4 ; loi du 29, circ. du 3 février suivant,* n° 1235.)

Lorsqu'il y a contestation, l'importateur doit faire connaître s'il entend ou n'entend pas user de la faculté inscrite à l'art. 4. Mention de cette déclaration est faite au procès-verbal ou dans l'acte conservatoire. Un double de ces pièces est transmis dans le plus bref délai à l'administration. *(Même circ.,* n° 1235.)

Le service doit demander aux déclarants le nom et la demeure de leurs commettants et mentionner ce renseignement dans les rapports à l'administration *(Circ. in-4° du 12 mai* 1874.)

Ces dispositions ne concernent que les marchandises d'origine anglaise comprises dans les tarifs conventionnels. Il ne s'agit pas de toutes les importations d'un port de la Grande-Bretagne. *(Circ. in-4° du 30 juin 1874 et circ. man. du 7 décembre 1874.)*

Elles sont étendues à la Belgique, à la Suisse et à l'Allemagne, sauf les contestations relatives aux sucres bruts. *(Circ. des 23 juin 1875,* n° 1277, *et 17 septembre 1875,* n° 1290.)

**391.** — P. 173. 6° §. Lorsqu'une marchandise taxée à la valeur paraît mésestimée, la douane peut, dans les 48 heures qui suivent la déclaration en détail, en effectuer la préemption ou notifier le recours à l'expertise locale. Si elle use de l'expertise, le droit à préemption est éteint ; elle doit alors, après le prélèvement d'échantillons, remettre les marchandises à l'importateur, à charge par lui de s'engager sous caution à payer les droits et l'amende qui pourront résulter de l'expertise. Le service et le commerce sont tenus de choisir les experts parmi les négociants ou fabricants inscrits sur une liste dressée chaque année par la chambre de commerce dans la circonscription du bureau d'importation. En cas de désaccord entre les experts, le tribunal de commerce désigne un tiers-arbitre parmi les négociants ou fabricants qui s'occupent du produit.

L'expertise est effectuée soit sur place, soit à Paris, au choix des parties. *(Décret du 5 mai 1874 ; circ. du 27,* n° 1240.)

Quand la douane a, dès le principe, déclaré la préemption, l'expertise réclamée par l'importateur n'a qu'un effet suspensif, et si les résultats de cette expertise accusent une mésestimation de 5 0/0 ou plus, le service recouvre le droit, soit de préempter, soit, s'il le préfère, de percevoir le droit sur la valeur reconnue, et d'appliquer en outre l'amende de 50 0/0 si l'atténuation de valeur s'élève à 10 0/0 ou plus. Il suit de là que, pour les expertises effectuées dans ces conditions, toute la partie de marchandises importée en France doit être retenue, et que s'il s'agit d'une opération commencée au bureau d'arrivée et qui doit être suivie à Paris, sur la demande soit de la douane, soit du déclarant, c'est également toute la partie présentée, et non un simple échantillon, qu'il y a lieu d'envoyer à Paris.

On doit prendre les mesures nécessaires pour assurer l'exercice du droit de préemption : Il faut procéder à la vérification immédiatement après l'enregistrement de la déclaration, et, d'ailleurs, ne recevoir celle-ci et ne l'enregistrer qu'autant que les marchandises sont présentées au service. Mention de l'avis de la vérification immédiate, avec l'heure exacte en toutes lettres, doit être inscrite sur les déclarations, et les importateurs reconnaissent, par l'apposition de leur signature, que cet avis leur a été donné. La déclaration ainsi complétée doit rester entre les mains de la douane. Si le déclarant ne s'était pas rendu sur le lieu du dépôt de la marchandise, le vérificateur constaterait sur la déclaration, conjointement avec un autre agent, que faute par l'importateur de faire procéder à l'ouverture des colis, la déclaration est sans objet actuel et qu'elle ne recevra son effet qu'à partir du moment où le déclarant se sera présenté. Mention de l'heure de l'arrivée ultérieure de celui-ci serait inscrite sur la déclaration. Cette mention serait suivie de la signature du vérificateur et de celle du redevable, et le délai de 48 heures ou 2 jours ne courrait qu'à partir de cette heure.

Dans les ports, il peut arriver que les marchandises se trouvent encore à bord lorsque la déclaration est déposée. En ce cas, elle ne peut être reçue qu'à titre provisoire et seulement en vue du débarquement de la marchandise. Son inscription définitive au registre des déclarations de consommation sera ajournée jusqu'à ce que le transport effectif au local de visite ait été certifié. Une mention expresse en ce sens sera portée sur la déclaration, et le déclarant sera invité à la signer conjointement avec les employés.

Il est entendu que les jours de dimanches et de fêtes ne doivent pas être compris dans les 48 heures.

Quand il s'agira d'expertises déclarées dans les départements, mais qui devront être suivies à Paris, les échantillons ou la partie entière importée, selon le cas, seront adressés au directeur, à Paris, et les directeurs des départements en informeront l'administration. La douane de Paris se substituera entièrement à la douane d'arrivée pour les suites de l'expertise, notamment pour le choix des experts et pour la requête à présenter au tribunal de commerce dans le cas où un tiers-arbitre devrait être nommé. (*Circ. in-4° du 30 juin* 1874.)

Ces dispositions, adoptées pour les marchandises d'origine anglaise et comprises dans les tarifs conventionnels, sont étendues à la Belgique et à la Suisse, sauf les contestations relatives aux sucres bruts. (*Circ. in-4° du 30 juin* 1874; *Circ. du 23 juin* 1875, n° 1277.)

Le tiers-arbitre n'est pas tenu de se rallier à l'avis de l'un des autres experts. (*Arrêt de C. du 12 février* 1873; *Doc. lith.*, n° 235.)

Selon la décision des arbitres, les frais de l'expertise demeurent à la charge de la douane ou à celle de l'importateur, qui est, en outre, passible d'une amende dans le cas où la mésestimation atteint le chiffre de 10 p. 0/0.

Les affaires de l'espèce ayant un véritable caractère contentieux doivent faire, dès le principe, l'objet de feuilles série E, n° 69 B, et figurer sur l'état récapitulatif série E, n° 74. Il doit en être rendu compte directement sous le timbre du contentieux, et cette première communication doit être appuyée de la feuille 69 B, accompagnée d'une copie de la notification de l'expertise, et, si celle-ci est faite à Paris, d'une copie de l'acte de prélèvement d'échantillons. (*Circ. in-4° du 9 février* 1875.)

**392. — 785. 1er §.** *Ajouter :* Traité du 23 juillet 1873 et convention du 24 janvier 1874 ; lois des 29 juillet 1873 et 29 janvier 1874 ; circ. des 4 août 1873, n° 1213, et 3 février 1874, n° 1235.

**393. — 787. 1er §.** *Ajouter :* Traité du 23 juillet 1873 ; loi du 29 ; circ. du 21 août suivant, n° 1215.

**393 bis. — 788.** Pour prévenir des manœuvres frauduleuses, on doit exiger que les déclarants justifient, par un certificat des consuls français, que les vins importés en vue du bénéfice du régime conventionnel sont d'origine italienne. (*Circ. in-4° du 14 septembre* 1875.)

**394.** — 104 S. Comme on ne peut établir aucune distinction entre les sardines d'origine espagnole et celles d'origine portugaise, il faut, pour l'admission au bénéfice du régime conventionnel, des sardines salées déclarées venir du Portugal, exiger la production d'un certificat d'origine délivré par la douane du lieu de chargement. (*Circ. in-4° du 15 avril* 1875.)

**395.** — 106 S. Les produits du Zollverein (Allemagne) sont traités aussi comme s'ils arrivaient en droiture du pays de production lorsque, dirigés par les chemins de fer ou par les canaux sur Amsterdam, Rotterdam, Harlingue, Dordrecht ou Flessingue, ils sont réexpédiés de ces ports par mer à destination de la France. Il y aurait lieu, au contraire, de considérer comme venus *d'ailleurs* les produits du Zollverein arrivant de l'un de ces cinq ports, s'ils y avaient été primitivement importés par mer. (*Circ. du 31 mars* 1873, *n°* 1198.)

**396.** — 110 S. Les produits de l'Autriche-Hongrie expédiés en France par la voie des ports allemands de la mer du Nord et de la Baltique seraient admis au bénéfice du transport direct. (*Circ. in-4° du 20 septembre* 1873.)

**397.** — 792. 1ᵉʳ §. 1ʳᵉ ligne. *Aux 2 derniers mots, substituer ceux-ci* : De quelque lieu qu'ils viennent. *Ajouter au* § : *Traité du 1ᵉʳ avril* 1874 ; *loi du 17 juin* 1874, *circ. du 8 juillet suivant, n°* 1246.

**398.** — 799. 1ᵉʳ §. *Ajouter* : Décret du 15 octobre 1873 ; circ. du 30, n° 1225.

**399.** — Les produits de la Birmanie seront traités en France comme les produits similaires étrangers les plus favorisés. (*Traité du 24 janvier* 1873 ; *loi du 18 juillet* 1873 ; *circ. du 2 août suivant, n°* 1212.)

**400.** — 822. Les épaves recueillies en mer ou sur les côtes sont affranchies des surtaxes d'entrepôt et de pavillon. Quant aux marchandises qui se trouveraient à bord des bâtiments échoués ou naufragés, elles restent soumises aux conditions ordinaires du tarif. (*Circ. in-4° du 9 juillet* 1873.)

Les droits exigibles, ainsi que les frais de route et de vacations alloués aux receveurs, doivent être acquittés par l'administration de la marine, quel que soit le résultat de la vente.

Les épaves peuvent être admises au bénéfice du tarif conventionnel, lorsqu'il s'agit de marchandises dont la production est notoirement propre aux pays contractants. D'un autre côté, quand la demande lui en est faite par l'autorité maritime, la douane se charge de la vente des objets sauvetés. En pareil cas, s'il ne se présente pas d'acquéreur consentant à payer les droits ou à réexporter les épaves, elles seront adjugées libres de droit pour la consommation, en tant qu'elles ne seront pas de nature prohibée. Le produit de la vente sera appliqué, jusqu'à due concurrence, aux droits et aux frais avancés par la douane, et l'excédent, s'il y en a, sera versé à la caisse de la marine. Il est entendu, d'ailleurs, que le transport des épaves, jusqu'au lieu de vente, restera à la charge de l'administration de la marine. (*Circ. in-4° du 9 septembre* 1875.)

**401.** — 823. P. 208. 3ᵉ §. Les états de vacation et de frais de route alloués aux agents des douanes pour leur intervention dans les naufrages, doivent être transmis par les soins des directeurs à l'administrateur de la marine, afin qu'il mandate la dépense au nom des receveurs principaux ; l'une des expéditions de ces états est émargée par les parties prenantes pour servir de justification définitive. (*Circ. man. du 16 mars* 1874.)

**402.** — 826. P. 219. 3ᵉ §. *Aux sommes indiquées, substituer celles-ci* : 5 fr., 3 fr. 75, 4 fr., 3 fr. 75, 3 fr. 10, 3 fr. 35. (*Décret du 20 juillet* 1875 ; *circ. du 23, n°* 1279.)

**403.** — 827. 3ᵉ §. *Au lieu des sommes indiquées, mettre* : 1 fr. 50, 1 fr. ou 50 cent., selon que les beurres sont salés à 8 ou à 4 p. 0/0 de sel. V. n° 261 S. (*Décret du 20 juillet* 1875 ; *circ. du 23, n°* 1279.)

**404.** — 830. 1re section. Belfort *, Nancy *. (*Circ. man. du 14 juin* 1873.)

2e section. Vieux-Condé (gare) *. (*Circ.* n° 1241.) Blancmisseron * (gare et route), par le chemin de fer. (*Circ.* n° 1282.) Belfort *, Delle *, Wisembach *, Andun-le-Roman *, Batilly *, Pagny *, Embermenil *. (*Circ. man. du 14 juin* 1873.)

**405.** — 854 *bis.* Des tabacs sont livrés à des prix spéciaux par la régie pour être embarqués comme provisions de bord, soit des équipages, soit des passagers, sur les navires naviguant autrement qu'en cabotage. La consommation de ces tabacs étant interdite jusqu'à ce que le navire ait pris la mer, les boîtes ou paquets sont placés à bord dans un endroit déterminé, et ils doivent être représentés sous plombs ou vignettes à toute réquisition du service. L'approvisionnement de chaque navire doit faire l'objet d'un seul permis au nom de l'armateur ou du capitaine. (*Arrêté min. du 10 octobre 1874; circ. du 29, n° 1252.*)

**406.** — 859. 7e §. *Ajouter :* circ. man. du 23 octobre 1873.

**407.** — 860. 9e §. Si, aux termes de l'art. 13 de la loi du 21 juin 1873, spéciale aux contributions indirectes, les voituriers doivent être déclarés non contrevenants lorsqu'ils ont fait connaître les véritables auteurs de la fraude, il ne s'ensuit pas qu'en leur qualité de transporteurs, détenteurs de la marchandise, ils ne puissent être poursuivis et maintenus en cause jusqu'à ce que, par le résultat de l'instruction, les véritables auteurs de la fraude aient été reconnus. (*A. de C. du 15 janvier 1875; circ. in-4° du 20 août 1875.*) V. n° 1091.

**408.** — 869. 3e §. 872. 9e §. Les objets admis en franchise, en exécution de l'art. 25 de la loi du 16 mai 1863, ne doivent pas être compris sur les états de commerce. (*Circ. in-4° du 9 décembre 1874.*)

Le bureau qui, à la frontière, a reçu des ordres relativement à l'admission exceptionnelle d'objets mobiliers appartenant à de hauts personnages, français ou étrangers, qui viennent en France, doit, toutes les fois que les colis sont dirigés sur Paris, en transit international, annexer la lettre de l'administration à l'acquit-à-caution. (*Circ. in-4° du 20 août 1874.*)

**409.** — 876. Le bénéfice du retour est étendu à tous les vins français.

Ceux du crû de la Gironde, réadmissibles lorsque l'origine en est reconnue par le jury spécial à Bordeaux, peuvent être réadmis, comme les autres vins français, avec justification de sortie et certificats des douanes étrangères, visés par les consuls français, constatant que les vins sont restés sous la surveillance des douanes de ces pays. (*Circ. du 15 juin 1875, n° 1276.*)

**410.** — 907. Les agents du service sanitaire, appartenant aux douanes, son nommés et nominativement commissionnés par le Préfet du département. (*Circ. man. du 17 mai 1873.*)

Ils sont placés sous la juridiction des directeurs de la santé pour les informations de service et les instructions spéciales. (*Circ. man. du 19 juillet 1873.*)

**410 bis.** — 268 S. *Ajouter au* 1er § *et au* 3e § : décret du 10 août 1875; circ. du 14 septembre suivant, n° 1288, *et au* 2e § : circ. du 14 septembre 1875, n° 1288.

**411.** — 133 S. 3e ligne. *Ajouter :* sans permis spécial du département de la guerre, mais sur la représentation du récépissé préfectoral dont les intéressés sont tenus de se munir. (*Circ. in-4° des 6 novembre 1873 et 1er juin 1875.*)

**412.** — 987, 988, 993. Toutes les dispositions et pénalités des lois de douane relatives aux marchandises prohibées sont applicables aux poudres à feu et aux produits qui y sont assimilés. (*Loi du 2 juin 1875, art. 5; circ. n° 1273.*)

**413.** — 987. Sous paiement d'un droit d'entrée de 10 p. 0/0, la prohibition dont les cartouches chargées sont frappées à l'entrée est levée en faveur des sociétés de tir. Les importations ne peuvent être effectuées qu'en vertu d'autorisations spéciales des départements de la guerre et des finances, transmises par l'administration.

Dans le cas où les importateurs ne seraient pas en mesure de prendre immédiatement livraison de leurs cartouches, celles-ci seraient déposées dans la poudrière la plus rapprochée des emplacements de tir ou d'expérience. (*Loi du 1ᵉʳ août* 1874 ; *circ. du* 14, *n°* 1248.)

**414.** — 994. Les répartitions rentrent dans le droit commun. (*Circ. du* 5 *juin* 1875, *n°* 1273.)

**415.** — 1,007. Le service des douanes doit constater, par épreuves, la concordance des expéditions de la régie et des liquides chargés ou déchargés, et doit, en conséquence, viser ces expéditions. (*Circ. in-4° du* 6 *juillet* 1874.)

**416.** — 1,013. La valeur du tabac, par suite du monopole de l'État, est constante. C'est le prix légal du tabac ordinaire sur toute la surface du territoire français, soit 12 fr. 50 le kilog., et non le prix plus ou moins inférieur du tabac dit *de cantine*, dont la vente est exceptionnellement autorisée dans le rayon des zônes frontières. (*Arrêts de C. des* 17 *mai* 1873 *et* 23 *janvier* 1874: *Doc. lith.*, n°ˢ 229 *et* 230.)

**417.** — 1,014. Les cartes au portrait étranger admissibles à l'importation des pays contractants, *V.* n° 784, doivent être fabriquées avec du papier non filigrané et différer des cartes au portrait français quant aux dimensions et au dessin des figures. Ces figures ne doivent d'ailleurs porter d'autre nom que celui du fabricant, et l'as de trèfle ne doit être entouré d'aucun ornement.

Les cartes au portrait français restent soumises à la prohibition d'entrée. (*Circ. du* 13 *avril* 1875, n° 1267.)

Les jeux importés sont revêtus d'un visa ainsi conçu : Vu pour valoir le timbre de contrôle au bureau des douanes de... le... (*Circ. man. du* 27 *juillet* 1875.)

Les bandes de contrôle doivent être collées sur toute leur longueur. (*Même circ.*)

Les cartes à jouer dites d'étrenne ou de fantaisie, dont les dimensions ne dépassent pas 50 millimètres sur 36, et qui, fabriquées en une seule épaisseur de papier grossier, ne sont ni cartonnées, ni lissées, ni passées au cylindre, sont admises à l'importation des pays contractants en franchise de l'impôt intérieur de fabrication. (*Circ. du* 29 *janvier* 1875 ; n° 1256.)

**418.** — 278 S. Note 1. 2° §. Les connaissements des navires de commerce affrétés pour le compte de la marine de l'État sont exempts du timbre. (*Déc. min. du* 13 *mars* 1873 ; *circ. man. du* 3 *avril suivant.*)

**419.** — 279 S. Il existe des droits intérieurs sur les huiles de schiste et autres huiles minérales (1), sur les savons, *V.* n° 252 S. (2), l'acide stéarique à l'état de bougies et produits similaires (3), les vinaigres et les acides acétiques (4). Pour les cartes à jouer, *V.* n°ˢ 785 et 1014.

Au sujet des papiers, un nouveau réglement a été établi par décret du 16 août 1873 ; circ. du 15 septembre suivant, n° 1218. En ce qui concerne les livres édités dans les pays contractants, la taxe intérieure n'est pas appliquée à ceux qui ont été publiés avant la mise en vigueur de la loi du 4 septembre 1871. (*Circ. in-4° du* 12 *juin* 1874.)

Les vieux papiers ou vieux imprimés qui ne peuvent être utilisés que comme drilles sont exempts de la taxe intérieure. (*Circ. in-4° du* 30 *novembre* 1874.)

Quant à l'exportation, *V.* n°ˢ 279 *et* 366 S.

**420.** — Les allumettes chimiques font l'objet d'un monopole. (*Loi du* 2 *août* 1872.) L'importation en est prohibée. (*Loi du* 15 *mars* 1873.)

Il est dérogé à la prohibition à l'entrée à l'égard des allumettes importées à destination de simples consommateurs, dans la limite de 5 kilog. par consommateur et par

---

(1) Loi du 29 décembre 1873 ; circ. du 30, n° 1227.

(2) Réglement établi par décret du 8 janvier 1873 ; circ. du 17 janvier 1874, n° 1233.

(3)    *Id.*        *id.*      du 8 janvier 1874 ; circ. du 16, n° 1232.

(4) Loi du 17 juillet 1875 ; circ. du 6 août suivant, n° 1284.

année, et sous la garantie d'un acquit-à-caution. (*Loi du* 28 *janvier* 1875; *circ. du* 23 *février suivant, n°* 1260.)

Les pénalités applicables sont celles qu'édictent les lois sur les contributions indirectes. En cas de non-rapport d'acquit-à-caution, c'est dans les quatre mois à partir de l'expiration du délai fixé pour le transport que la contrainte doit être décernée. (*Circ. man. du* 27 *février* 1875.)

Les agents de douane sont appelés à constater la vente illicite, le colportage et la circulation illégale des allumettes chimiques. (*Loi du* 28 *janvier* 1875; *circ. du* 25 *mars* 1875, *n°* 1262.)

Une prime de 10 fr. est allouée aux préposés qui arrêtent les individus vendant en fraude des allumettes ou en colportant. Le paiement aura lieu dans la même forme que pour les primes relatives à l'arrestation de colporteurs de tabac. (*Circ. in-4° du* 7 *septembre* 1875.) V. n° 366 S.

**421.** — Un impôt de 5 p. 0/0 affecte le prix des transports en petite vitesse par les chemins de fer, sauf le transit direct de frontière à frontière et les expéditions effectuées de l'intérieur à une destination hors de France. (*Loi du* 21 *mars* 1874, *règlement établi par décret du* 22 *mai* 1874; *circ. du* 20 *juin suivant, n°* 1243.)

A l'égard des produits provenant d'admission temporaire et expédiés pour une destination hors de France, deux hypothèses sont à prévoir : si les produits ne sont pas placés sous la main de la douane, les compagnies de chemin de fer se conforment aux dispositions adoptées spécialement. Si, au contraire, il y a représentation de la marchandise et vérification par le service, l'opération rentre dans la catégorie des expéditions directes sous les conditions du transit d'un bureau ou d'un entrepôt à une destination hors de France, et le transport s'accomplit en franchise jusqu'à la frontière, sous le couvert des engagements souscrits envers la douane. (*Circ. in-4° du* 18 *février* 1875.)

L'impôt de 5 p. 0/0 n'est applicable ni aux frais de camionnage, ni aux expéditions par roulage ou par eau. (*Circ. man. du* 31 *août* 1874.)

**422.** — 1023. P. 387. Les directeurs correspondent en franchise sous bandes avec les commandants militaires. (*Circ. man. du* 28 *mai* 1875.)

## Contentieux.

**423.** — 1067. Ne pas perdre de vue que dans le cas où le tribunal correctionnel se déclarerait incompétent, toute poursuite serait impossible devant la juridiction civile, tandis qu'un jugement d'incompétence de cette dernière ne ferait pas obstacle à des poursuites correctionnelles. (*Circ. in-4° du* 22 *juillet* 1875.)

1068. 4e §. *Ajouter* : V. n° 346 S.

**424.** — 1068. Les condamnations pécuniaires réclamées par l'administration en cas de contrebande, sont la réparation du dommage que le délit a causé au Trésor; il est donc indispensable d'établir nettement, dans les conclusions, l'existence de ce délit et, par suite, celle des éléments qui le constituent.

Le délit prévu au n° 409 peut avoir pour objet soit des marchandises *prohibées,* soit des produits *tarifés à 20 francs et plus* par quintal métrique.

S'agit-il du premier cas : il faut établir 1° *l'importation* elle-même; 2° la *prohibition* des marchandises importées. L'infraction a-t-elle, au contraire, pour objet des produits tarifés, il est nécessaire de constater 1° *l'introduction frauduleuse;* 2° la tarification à 20 *francs et plus* par quintal.

Ce sont là, en effet, les deux éléments constitutifs du délit ; et les conclusions déposées au nom de l'administration doivent toujours les viser l'un et l'autre, puisque l'omission de l'un ou de l'autre, dans le texte de l'arrêt, peut fournir aux prévenus un moyen infaillible de cassation. (*Circ. du* 20 *janvier* 1874, *n°* 1234.)

**425.** — 1,091. 4° §. Lorsque plusieurs individus ont été poursuivis à raison d'un même fait, ceux d'entre eux qui ont été reconnus coupables doivent être condamnés aux frais sans distinction de ceux qui ont été faits contre leurs coprévenus acquittés. (*A. de C. du 15 janvier 1875 ; circ. in-4° du 20 août 1875.*)

Pour obtenir des prévenus le versement des sommes, très-faibles le plus souvent, qui constituent le reliquat laissé à la charge de l'administration, il convient d'examiner s'il n'y aurait pas à user de la contrainte par corps ou à abréger, dans une certaine mesure, la détention des fraudeurs qui feraient un sacrifice pécuniaire. (*Circ. in-4° du 13 juillet 1874.*)

La liquidation des frais d'un procès-verbal imputés sur les fonds du Trésor doit être provoquée auprès du bureau du contentieux, par une lettre spéciale contenant une formule série E, n° 100 *ter*, une copie de la décision de l'administration, un état de frais série C, n° 77, et l'original ou une copie du procès-verbal. (*Déc. du 7 décembre 1873.*)

**426.** — 1103. Les redevables de droits de douane, amendes et confiscations, peuvent être poursuivis par la voie de la contrainte par corps. (*Arrêt de C. du 22 juillet 1874 ; Doc. lith. n° 234.*)

Les décimes doivent être ajoutés à l'amende pour déterminer la durée de la contrainte par corps. (*Arrêt de C. du 16 janvier 1872 ; Doc. lith. n° 228.*)

**427.** — 1108. *Mettre en tête du 1er* § : Pour les redevables domiciliés en France. *Et du 3e* § : En ce qui concerne les redevables étrangers, vagabonds, sans domicile connu, ou qui, demeurant en France, ne sont pas en position d'établir leur insolvabilité dans la forme prescrite. (*Circ. in-4° du 29 juin 1875.*)

**428.** — 1111. Les juridictions distinctes impliquent une différence dans la sévérité de la répression. Lorsque des circonstances aggravantes ne viennent pas donner aux contraventions une importance particulière, on peut transiger avant jugement. Dans les cas de ce genre, le principe indiqué au n° 281 S est appliqué. Il importe toutefois de remarquer que le montant des droits compromis constitue un simple minimum ; le chiffre de l'amende peut donc s'élever progressivement, atteindre même l'intégralité des condamnations si la fraude, difficile à reconnaître, a fait courir des risques sérieux au Trésor, ou si les antécédents du prévenu sont défavorables. Enfin, lorsque l'infraction revêt un caractère exceptionnel de gravité, il importe, même dans les bureaux où l'usage des soumissions est autorisé, que ces dangereuses tentatives fassent l'objet d'un procès-verbal régulier, qu'elles soient judiciairement constatées et que toute demande de transaction soit rejetée.

Les délits de contrebande portent au Trésor un préjudice réel et compromettent les intérêts du commerce honnête, tout en troublant l'ordre public. Le service ne doit donc jamais perdre de vue qu'une double répression les atteint et qu'il est indispensable de faire la part de l'une et de l'autre. Quand il s'agit d'une importation peu considérable, tentée accidentellement par un fraudeur isolé, une transaction peut être accordée avant jugement. Le payement d'une amende suffit, en effet, le plus souvent, à prévenir les récidives. Mais si le délit a pour objet l'introduction d'une quantité notable de marchandises, s'il est commis par un fraudeur de profession et, surtout, par une bande organisée, les coupables ne sauraient être soustraits, par des transactions hâtives, à l'emprisonnement correctionnel qu'ils ont encouru. L'administration approuverait encore moins de semblables transactions à l'égard des entrepreneurs ou entrepositaires qu'on serait en mesure de placer sous la main de la justice. C'est seulement quand la peine publique a été subie qu'il y a lieu de prendre en considération les offres des prévenus et de leur faire remise, moyennant réalisations pécuniaires, de l'incarcération aux fins civiles. Ces réalisations doivent, dans tous les cas, être en proportion avec la gravité du délit et les ressources des délinquants. Il est recommandé tout particulièrement de veiller à ce que les cautions présentent des garanties complètes de solvabilité, et à ce que la clause relative au cautionnement stipule explicitement l'obligation de payer, en cas de rejet de l'arrangement, l'intégralité des condamnations pécuniaires encourues! *(Circ. du 25 novembre 1874, n° 1254.)*

**429.** — 1119. Lorsque, dans le rayon, les préposés ont sommé régulièrement un individu d'arrêter son cheval, le refus d'obtempérer à la sommation constitue un acte d'opposition aux fonctions, que l'on doit toujours constater par un procès-verbal relatant très-exactement tous les faits et toutes les circonstances qui ont accompagné l'incident. *(Circ. du 28 août 1875, n° 1287.)* V. n° 33.

L'action de l'administration des douanes, tendant à faire prononcer, à titre de réparation civile, l'amende édictée par les lois des 22 août 1791 et 4 germinal an II pour trouble ou opposition à l'exercice des préposés, doit être portée devant le juge de paix, et la preuve ne peut être faite que par un procès-verbal régulier. Mais, s'il y a eu des voies de fait constituant un délit, le tribunal correctionnel prononce et sur la répression du délit et accessoirement sur la demande à fins civiles de l'administration. La preuve alors peut être faite conformément au droit commun. *(Arrêt de C. du 28 février 1874; Doc. lith. n° 231.)*

En cas de condamnation à l'amende prononcée par le juge de paix pour trouble ou opposition à l'exercice des fonctions d'un préposé, le condamné est soumis à la contrainte par corps sous l'empire de la loi du 22 juillet 1867. *(Arrêt de la C. d'Amiens du 16 mai 1868, et arrêt de C. du 22 juillet 1874; Doc. lith. n°s 227 et 234.)*

**430.** — 1129. La feuille série E, n° 76 A, doit indiquer exactement le montant des droits compromis, renseignement qui doit être reproduit à l'état 76. *(Circ. in-4° du 13 juillet 1875.)*

En rappelant, sur la feuille n° 76 A, la date des jugements, il faut indiquer s'ils ont été rendus contradictoirement ou par défaut, ainsi que l'époque à laquelle ils sont devenus définitifs. On a soin d'y mentionner la durée de la détention des prévenus, en distinguant, pour les affaires correctionnelles, l'emprisonnement préventif de l'emprisonnement correctionnel et aux fins civiles. Dans les saisies de bureau, on doit énoncer également la durée de l'incarcération, quand la contrainte par corps a été exercée. En matière de transaction, la copie de l'acte fourni à l'appui de la feuille 76 A doit relater, en tête, si l'arrangement a été souscrit *avant* ou *après* jugement. *(Circ. in-4° du 22 décembre 1874.)*

**431.** — 1131. 3° §. *Aux mots* dans les derniers jours, etc., *substituer ceux-ci* : le 1er avril de chaque année. *(Circ. man. du 25 mars 1873.)*

Le bulletin final, Série E, n° 76 *bis*, ne doit être transmis qu'après la production du dossier en comptabilité. La formule est alors complétée par l'indication du mois dans lequel a eu lieu cette production, en ce qui concerne soit la répartition, soit la liquidation des frais.

Quand l'affaire ne donne pas lieu à un droit constaté et qu'elle se termine sans produit ni frais, le dossier ne passe pas en comptabilité. Dans ce cas, le bulletin final est fourni au moment de la réception de la décision qui termine l'affaire. *(Circ. in-4° du 22 décembre 1874.)*

**432.** — 1137. 3° §. Le prélèvement des 25 p. 0/0 s'effectue sur chaque part individuelle, en forçant les fractions de centime. *(Circ. in-4° du 25 juin 1875.)*

**433.** — 1151. 10° §. En cas d'avis direct, le directeur constate l'existence d'un indicateur au moyen d'une mention sommaire, soit sur l'état Série E, n° 75, soit sur l'état n° 76. Si l'avis est indirect, la demande d'allocation doit être formée par lettre spéciale. *(Circ. du 2 juillet 1874, n° 1244.)*

**434.** — 147 S. *Rayer la note.*

**435.** — 284 S. Le paiement des parts revenant aux postes d'escorte est opéré par virement, pour le compte du receveur chargé de faire emploi de la répartition principale. Le comptable qui l'a effectué doit joindre à l'appui du talon de virement la sous-répartition dûment émargée. *(Circ. in-4° du 2 mars 1874.)*

~~~~~~~~~~~~~~~~~~~~~~~~~~~~~~~~~~~~~~~~~~~~~~~~~~~~~~~~~~~~~

TYPOGRAPHIE OBERTHUR & FILS, A RENNES.

~~~~~~~~

Mon à Paris, rue des Blancs-Manteaux, 35.

~~~~~~~~~~~~~~~~~~~~~~~~~~~~~~~~~~~~~~~~~~~~~~~~~~~~~~~~~~~~~

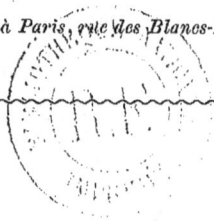

# TRAITÉ PRATIQUE

## DES

# DOUANES

### PAR M. A. DELANDRE

Chef de bureau à l'Administration des Douanes, service général.

---

## PREMIER SUPPLÉMENT.

## ANNÉE 1858.

---

## PARIS
### LIBRAIRIE LE NORMANT, 10, RUE DE SEINE

# TRAITÉ PRATIQUE

DES

# DOUANES

## PAR M. A. DELANDRE,

### Directeur des Douanes.

———o———

## TROISIÈME SUPPLÉMENT.

## ANNÉE 1860.

———◦———

VANNES,

IMPRIMERIE DE J.-M. GALLES, RUE DE LA PRÉFECTURE.

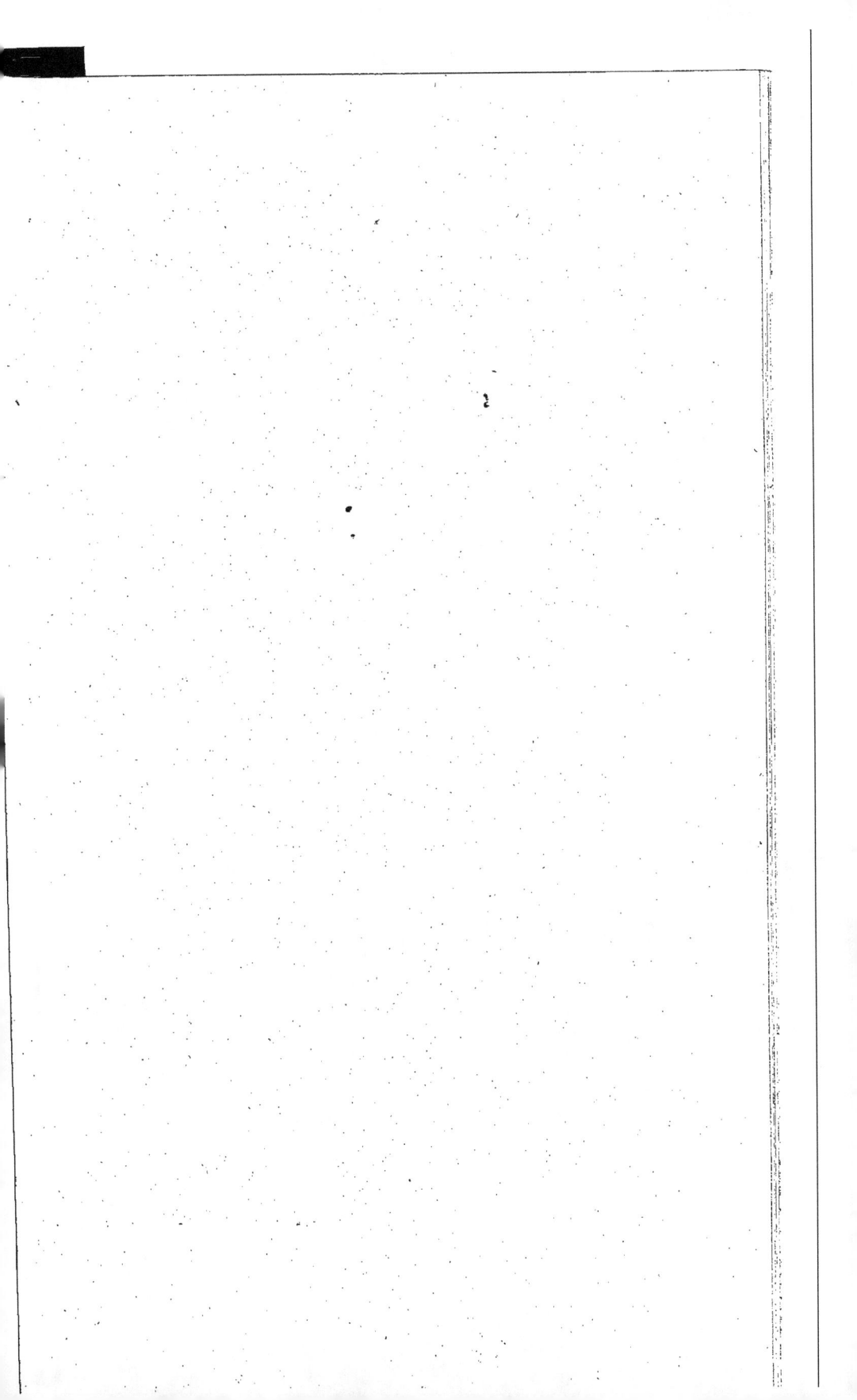

---

# TROISIÈME SUPPLÉMENT, 1 fr.

---

---

# TRAITÉ PRATIQUE

DES

# DOUANES

PAR M. A. DELANDRE

Directeur des Douanes.

QUATRIÈME SUPPLÉMENT.

ANNÉE 1861.

HAVRE

IMPRIMERIE ALPH. LEMALE, QUAI D'ORLÉANS, 9.

1862

---

## QUATRIÈME SUPPLÉMENT, 1 Fr.

---

TRAITÉ PRATIQUE DES DOUANES, par M. A. DELANDRE, avec le 1er, le 2e, le 3e et le 4e Supplément (années 1858, 1859, 1860 et 1861), à la Librairie HACHETTE, à Paris....... 18 fr.

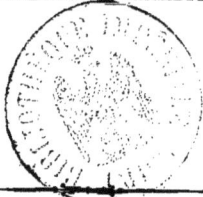

# TRAITÉ PRATIQUE

### DES

# DOUANES

**PAR M. A. DELANDRE**

Directeur des Douanes

---

## CINQUIÈME SUPPLÉMENT

## ANNÉE 1862

---

## HAVRE

IMPRIMERIE ALPH. LEMALE, QUAI D'ORLÉANS, 9

# TRAITÉ PRATIQUE

### DES

# DOUANES

#### PAR

## M. A. DELANDRE

**Directeur des Douanes**

—◆—

## PREMIER SUPPLÉMENT

### Années 1865, 1866 et 1867

—◆—

IMPRIMERIE OBERTHUR ET FILS, A RENNES

—

1868

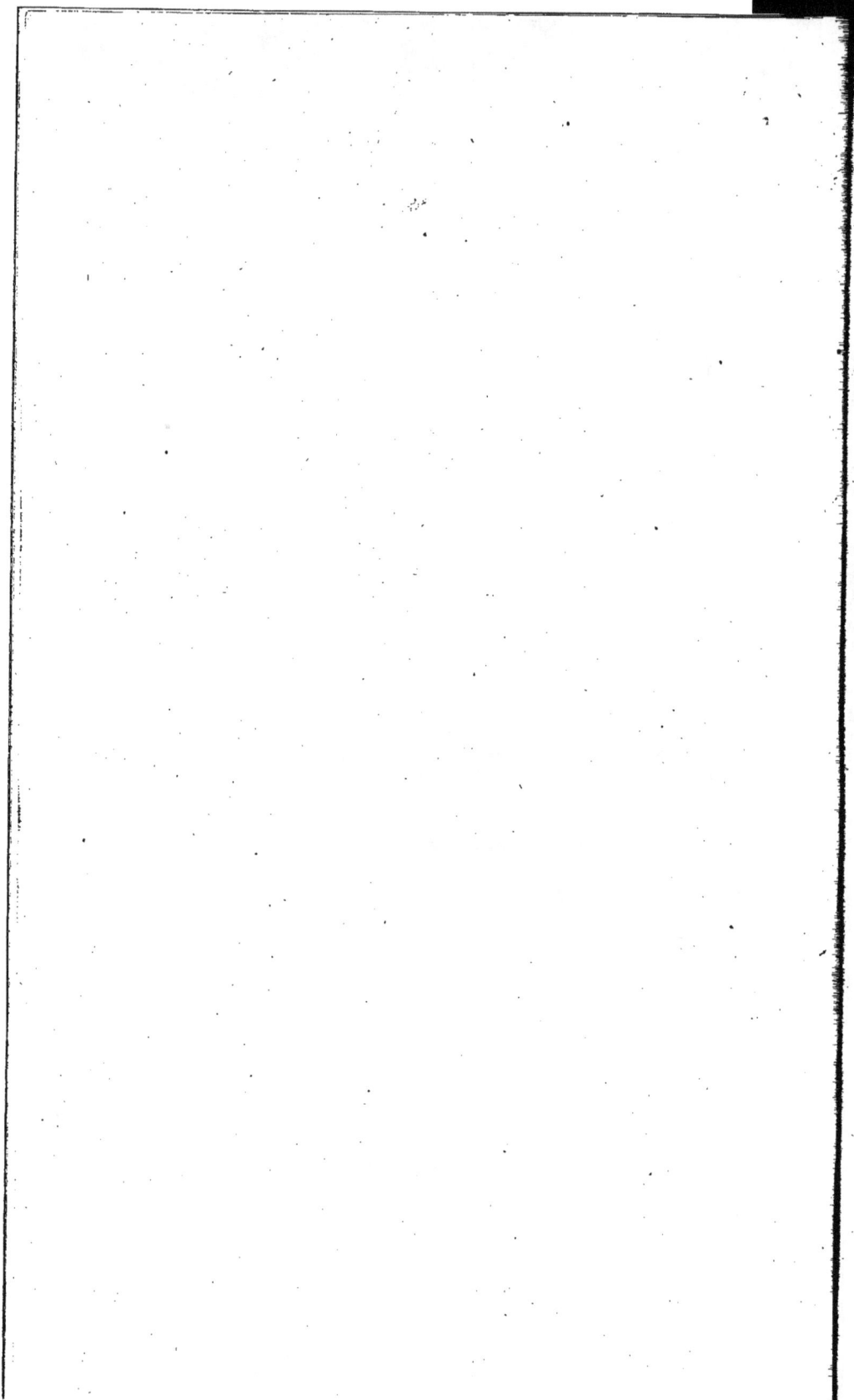

# TRAITÉ PRATIQUE

DES

# DOUANES

PAR

## M. A. DELANDRE

**Directeur des Douanes**

~⚬~

## DEUXIÈME SUPPLÉMENT

Années 1868, 1869, 1870, 1871 et 1872

~⚬~

IMPRIMERIE OBERTHUR ET FILS, A RENNES

—

1873

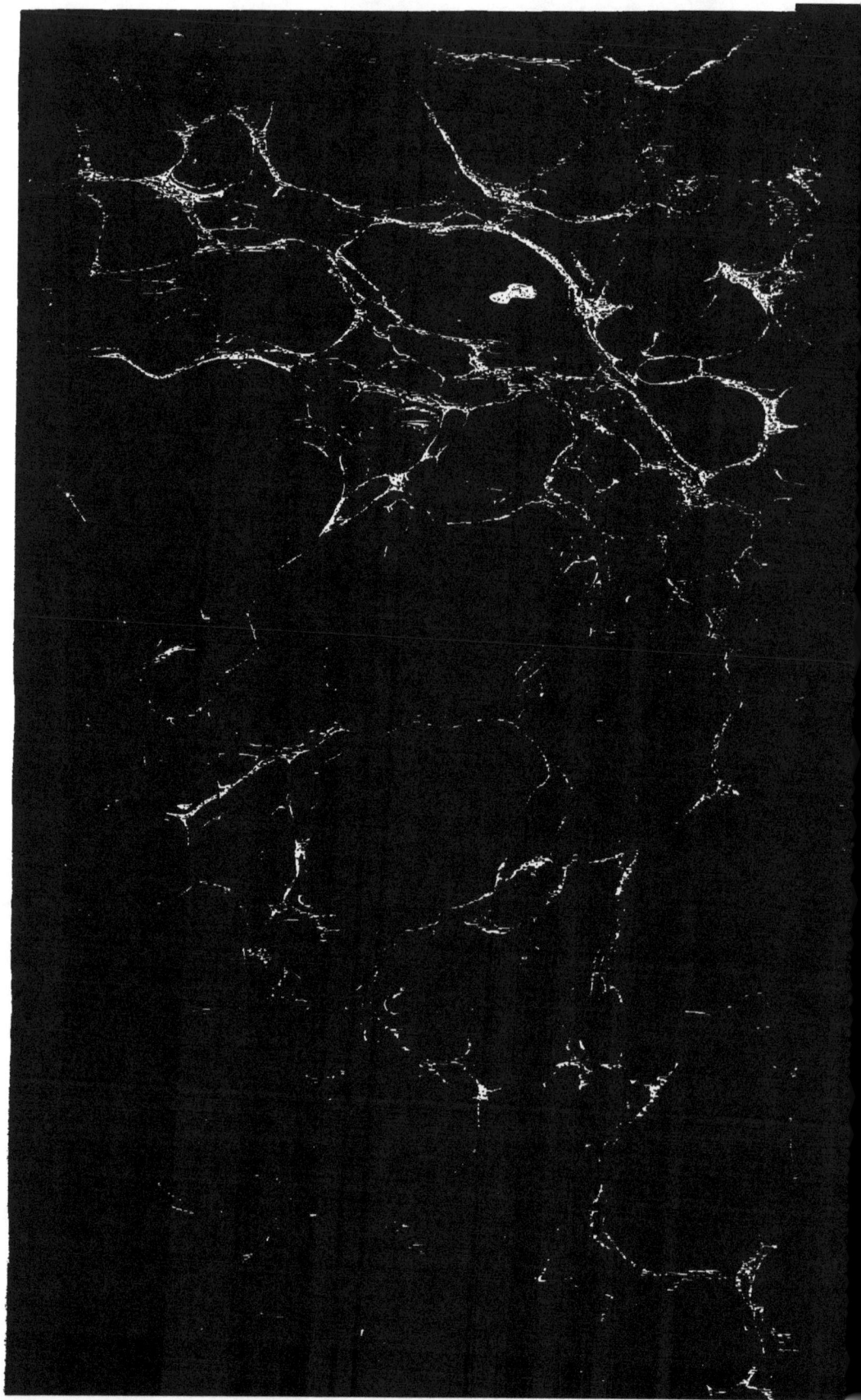

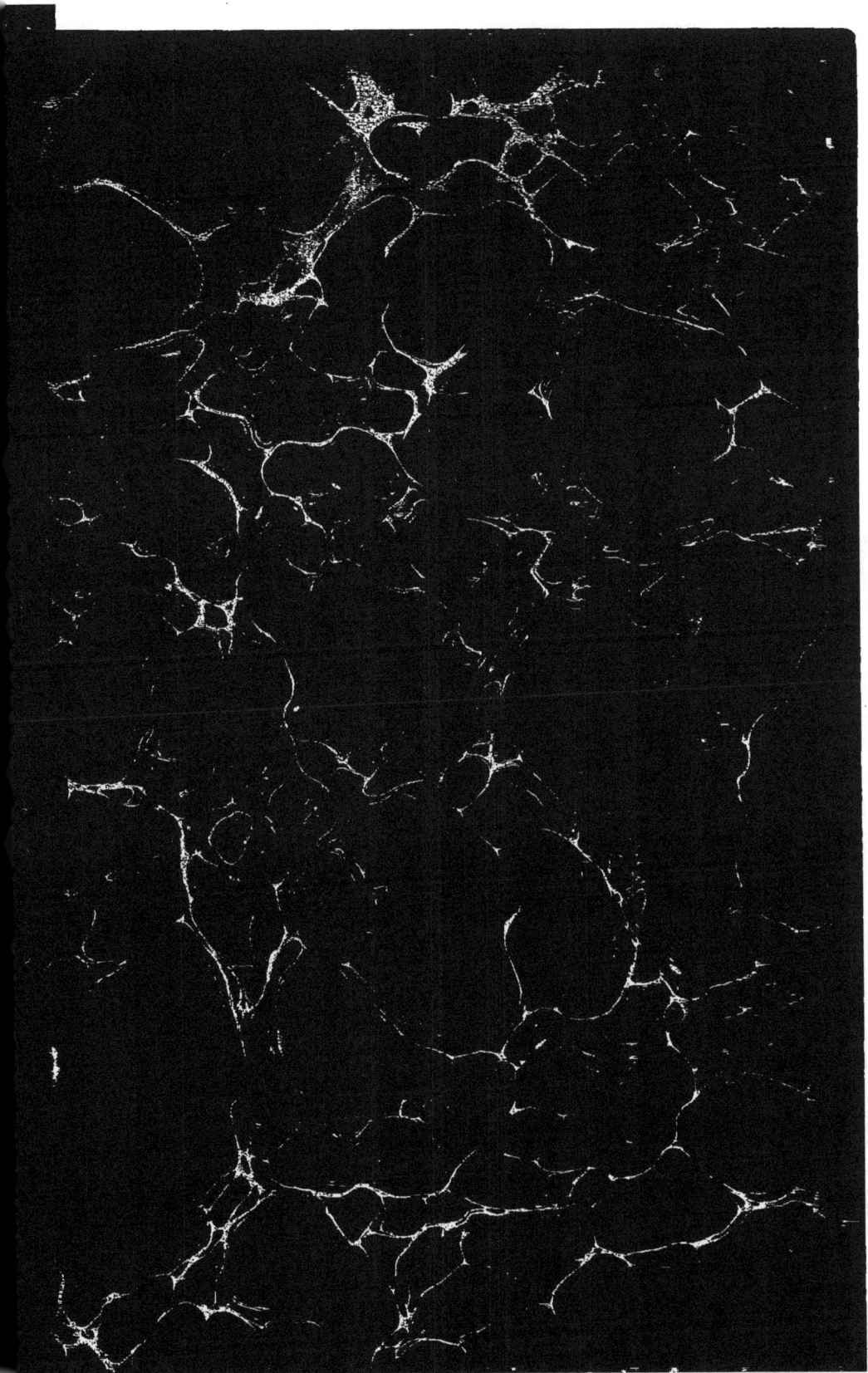

www.ingramcontent.com/pod-product-compliance
Lightning Source LLC
Chambersburg PA
CBHW071008280326
41934CB00009B/2223